西南政法大学政治学文库编委会

主　　编：宋玉波

副 主 编：黄清吉　罗兴佐

委　　员：周振超　程志敏　吕庆春　黄顺康　邹东升
　　　　　和静钧　简　敏　田立新　龚培渝　曹　为
　　　　　王　涛　王　冲　张国军　吴　宇

On State Capacity | 论国家能力

黄清吉 著

中央编译出版社
Central Compilation & Translation Press

本书出版得到中央财政支持地方高校发展专项资金和重庆市一级重点学科——西南政法大学政治学学科的资助

目 录

第一章 导 论 …………………………………… 1
  1.1 研究意义 ………………………………… 1
  1.2 研究现状与相关文献综述 ……………… 8

第二章 国家能力的涵义 ………………………… 15
  2.1 具代表性的国家能力观评析 …………… 15
  2.2 国家能力的涵义及其阐释 ……………… 25
  2.3 国家能力相关概念辨析 ………………… 30

第三章 国家能力的构成 ………………………… 38
  3.1 国家实施对社会的统治与管理的能力 …… 38
  3.2 应对他国竞争与挑战的能力 …………… 62

第四章 国家能力的支撑结构 ……………………… 80
　4.1 国家能力的支撑结构概论 ………………………… 81
　4.2 前工业时代国家能力的支撑结构 ………………… 91
　4.3 工业时代的国家能力的支撑结构 ………………… 102

第五章 国家能力的发展机理 ……………………… 128
　5.1 国家能力发展的一般机理 ………………………… 128
　5.2 工业时代国家能力发展的具体机理解析：
　　　以美国为例 ………………………………………… 142

第六章 结论：国家能力视域的中华复兴 ……………… 182

参考文献 ……………………………………………………… 224

第一章 导 论

1.1 研究意义

自国家产生以来,其兴衰就成为政治家、思想家常论常新的热门话题。国家作为历史的、事实的存在,是在与疆域内社会和国际体系中他国相互作用的复合关系中实施对社会的统治与管理、应对他国的竞争与挑战的政治实体。然而,人们对于国家的探讨,往往或者着眼于国家与社会关系维度,或者着眼于国际体系维度。这些研究是重要的,但由于这些研究不是在对国家进行总体把握的基础上探讨国家,因而研究的结果难免陷入顾此失彼的困局。本书力图以实践为面向探究国家兴衰之道,论述的逻辑起点在于从国家与社会关系维度、国际体系维度及其内在关联中寻求对实然意义上的国家深入而系统的理解。

首先,从国家与社会的关系维度看,社会是国家的母体,国家是随着社会的发展,从人们根源于社会生产方式的对立与冲突和控制社会的对立与冲突的需要中产生的。在生产方式中,"只要生产的规模还没有达到不仅可以满足所有人的需要,而且还有剩余产品去增加社会资本和进一步发展生产力,就总会有支配社会生产力的统治阶级和贫穷的被压迫阶级"。① 只要社会仍处于这样的历史阶段,就只有通过国家的统治,才能将社会的对立与冲突保持在"秩序"的范围内:(1)将生产方式中处于被支配地位的阶级控制在当时的生产方式所决定的那些压迫条件下;(2)守护被统治阶级可承受的统治阶级对其压迫的底线,以维护社会赖以存续下去的物质资料的生产方式的正常进行;(3)防止经济上占统治地位的阶级内部的各种力量侵犯统治阶级的整体利益和整个社会利益;从而满足社会生产方式正常进行的"秩序"要求。

同时,国家是从社会分化出来的履行公共职能的管理机构。社会产生其存续不可缺少的某些共同职能,却难以自我组织起来承担这些职能,只有国家这种作为整个社会正式代表的特定组织,才能有效实施社会良性运行与持续发展所需要的日益复杂的公共管理。

不同历史时期,国家对社会的统治与管理尽管各有侧重,但从深层次讲,其要旨都在于维护生产方式的正常进行。"历史过程中的决定性因素归根到底是现实生活的生产与再生产"②,"一切政府……归根到底都不过是本国状况的经济必然性的执行者。"③

---

① 《马克思恩格斯选集》第 1 卷,人民出版社 1995 年版,第 238 页。
② 《马克思恩格斯选集》第 4 卷,人民出版社 1995 年版,第 695 页。
③ 同上,第 715 页。

第一章 导 论

国家实施对社会的统治与管理以维护生产方式的正常进行,显然主要维护的是统治阶级的整体利益,而表现出来的则是维护社会正常的经济生活。相对于无国家状态而言,国家的产生并发挥作用对于被统治阶级而言亦不失为文明进步的重大成就。① 本质上,国家是在社会生产方式中居于支配地位的统治阶级的国家,但国家维护统治阶级的整体利益与维护生产方式的正常进行和社会经济生活的正常运转及被统治阶级生存下去所必须保障的最基本的权益是统一的。也正因为如此,国家能获得社会成员的广泛认同,确立起国家延续下去的社会物质—文化(心理)基础。

在形式上,国家是独立于社会的。正是由于国家在形式上独立于社会,国家才能对全社会实施统治与管理以维护生产方式的正常进行;也正是由于国家在形式上独立于社会,如果具体行使国家权力、执行国家职能的官吏(本书称之为公职人员)未受到有力的约束与监督,具有自身特殊利益的公职人员就将置自己的特殊利益于生产方式中处于支配地位的统治阶级的利益及整个社会利益之上,② 进而导致国家在表面上实施着对社会的统治与管

---

① 正如道格拉斯·C.诺斯所言:"在整个历史上,当人们需要在国家——但可能具有剥削性——与无政府之间作出选择时,人们均选择了前者。"道格拉斯·C.诺斯:《经济史中的结构与变迁》,陈郁、罗华平等译,上海三联书店1991年版,第24页。
② 从古希腊的亚里士多德到当代公共选择理论的代表人物布坎南,历史上众多的学者都对国家公职人员以权谋私、滥用权力的严酷现实进行过严肃的理论思考。孟德斯鸠曾经典性地论述到:"一切有权力的人都容易滥用权力,这是万古不易的一条经验,有权力的人们使用权力一直遇到有界限的地方才休止。"孟德斯鸠:《论法的精神》(上),商务印书馆1961年版,第154页。恩格斯在1890年10月给康·施米特的信中也明确指出:国家公职人员具有"同授权给他们的人相对立的特殊利益"。《马克思恩格斯选集》第4卷,人民出版社1995年版,第700页。

理,而实际上却偏离了国家维护社会生产方式正常进行的核心职能,经济上的混乱与政治上包括生产方式中居于支配地位的统治阶级在内的社会大多数成员的抗拒也就不可避免。这样延续下去,也就必然造成国家失败与社会失序的双重不幸。如何将社会生产方式中处于支配地位的以统治阶级为主的社会力量与国家体制内部的自我调控力量结合起来,以确保公职人员正当行使国家权力、履行国家职能,使国家有效地对社会实施统治与管理以维护生产方式的正常进行,从而达成国家与社会的良性互动,始终是国家在与社会的互动中面临的基本问题。

第二,从国际体系维度看,受低下的生产力发展水平的根本性制约,无论世界上诞生的第一个国家处于多么有利的扩张其疆界的条件,它所能统辖的地理范围都是有限的。散布于世界各地的人们必然先后建立起为数众多的国家。世界的无政府性①是国家无力建立世界政府的相应历史后果。由众多"分而治之"的国家为最高行为体组成的无政府世界总体上是这样的世界:(1)同一国家统治与管理之下的人们基于共同的经济、政治、文化生活而相互认同,产生对自群体(本国人)的偏爱和对他群体(外国人)的疏离;(2)国家为疆域内社会的繁荣与福利而行动;(3)国家是拥有组织化暴力的最高行为体,没有超越国家之上的中央

---

① 关于无政府状态及其对于国际政治影响分析的早期文献见 G. Lowes Dickinson, *The European Anarchy*, New York: Macmillan, 1916。当今主流国际政治理论中的三大体系理论——以华尔兹为领军人物的结构现实主义、以基欧汉为首的新自由制度主义、以温特为代表的社会建构主义,均就国际体系的无政府性及其对国家行为与国家间互动的影响进行了各具特色的讨论。理解国际体系无政府特性对于理解国际体系维度的国家具有基础性的理论价值。本书认为,对于国际体系的无政府特性的理解需要从历史的变迁中予以动态的把握。

权威阻止一国发展用于攻击他国的武力及为了自身的目的而对他国使用武力或以武力相威胁；(4)国家间的力量远不平等，但国家可以通过自己的积极作为增强自己的力量，从而改变与他国的力量对比关系，而国家为了自己的安全和利益，也不得不增强自己的力量。这诸方面的合力决定了置身于无政府的国际体系的国家，彼此之间充满着不以单方意志为转移的竞争与挑战，国家间的竞争与挑战推动着上述诸方面的变化，他们的变化又赋予国家间的竞争与挑战以新的内容。

只要没有国家能将世界上"分而治之"的众多国家统合为一个国家，国家间相互竞争与挑战的严峻局面就将持续下去。除非一个国家及其人民甘愿由他国主宰其命运，国家的选择便不在于是否应对他国的竞争与挑战，而在于如何应对他国的竞争与挑战。

第三，从国家与社会关系维度和国际体系维度的内在关联看，国家是处于与疆域内社会和国际体系中他国相互作用的复合关系中的国家。国家有效地对社会实施统治与管理是有效地应对他国的竞争与挑战的前提，不管国际竞争与挑战的内容如何变化，始终不变的是，国家间的竞争与挑战是以各自疆域内社会产生的资源为力量源泉而展开的。国家只有有效地对社会实施统治与管理，才能将根源于生产方式的社会对立与冲突保持在"秩序"的范围内，社会的生产方式才能得以正常进行。不能有效实施对社会的统治与管理的国家，即使没有他国的竞争与挑战，也将在与社会的恶性互动中走向衰败直至崩溃，更不用说从社会获取应对他国竞争与挑战所需的资源。但国家有效实施对社会的统治与管理，并不意味它就能有效应对他国的竞争与挑战，只有国家从其疆域内社会所获取的资源具有相对于他国从其疆域内社会所获取的资源的比较优势（这一比较优势的基础在于国家所统辖的社会所产生的资源具有相对于他国所统辖的社会所产生的资源的比较优势），并将之转化为具有比较优势的现实力量，则国家才能在国际竞争与挑战中占据优势地位；反之，则处于不利境地。

国家在国际竞争与挑战中的状态，不管是占据优势地位，还是处于不利境地，都不是固定不变的。第一，在国际竞争与挑战中占据优势地位的国家施加给处于不利境地的国家的压力，将促使那些处于不利境地的国家加速社会的发展，转而形成对占据优势地位的国家推动社会发展的新压力；第二，占据优势地位的国家若疏于推动社会的发展，其在国际竞争与挑战中的优势地位将迟早为他国所取代而衰变为弱国；第三，处于不利境地的国家不能将面临的压力转化为动力而加速社会的发展，则将在国际竞争与挑战中变得更加虚弱。那些虚弱到不能保卫疆域内社会免遭他国的暴行与侵略的国家，在他国的攻击下，国家与社会都将面临悲剧。

一言以蔽之，国家目标的实现，凭借的不是国家的身份，而是国家从社会抽取的资源转化而来的力量。因此，对于国家的研究，我们应当聚焦于国家在与疆域内社会和国际体系中他国相互作用的复合关系中实施对社会的统治与管理、应对他国的竞争与挑战的能力上，而不是别的方面。

在前工业时代，中国是长期拥有强大能力的国家，开创了他国无出其右的辉煌文明。随着近代西方工业国家的兴起，以鸦片战争为标志，中国的国家能力陷入了前所未有的深重危机。在现实形态上，中国的国家能力危机是无力抵御西方列强的侵占和掠夺，无力维护主权独立与领土完整，陷入被奴役、被宰割、被瓜

第一章 导 论

分险境的危机；在实质上，中国的国家能力危机是农业社会基础上的中国的国家能力相对于工业社会基础上的西方国家的国家能力的危机。当结束"救亡"而重新赢得独立时，数千年拥有强大能力的中国，与近代超过一个世纪饱受外国列强战火洗劫和一代又一代中华儿女血泪浸泡的中国，同时嵌入了中国人的心灵深处，化作不可磨灭的集体记忆。传承久远的强国盛世辉煌与鸦片战争以来百余年撕心裂肺的国难交织，使中国人的内心世界产生了强烈的民族复兴与崛起的诉求。而要实现这一诉求，就必须重新拥有强大的国家能力，无此，民族复兴与中国崛起就只能停留于想象。如果说民族复兴与中国崛起是中国人胸怀的共同理想和肩负的集体使命，那么国家能力发展则是将其变为现实的无可选择的实践进路。

然而，在西方工业国家发展显著领先、全球范围国家间的竞争与挑战日益激烈的情势下，中国要重新拥有强大的国家能力，最基本的，必须使农业社会发展为工业社会，继而发展为先进的工业社会。一方面，这种大跨度的加速性的庞大社会的发展，不仅需要国家强有力的积极作为①，而且需要生产方式、国家体制、文化传统形成并保持良性的结构性互动，以避免经济、政治、文化之间严重的结构失衡；另一方面，具有庞大规模的中国社会的发展所外化的中国在国际体系维度的能力增长会刺激现存强国对

---

① 阿尔蒙德和鲍威尔曾对近代以来国家对社会发展的作用作过简要的总结：从第一个实现现代化的英国来看，国家起了一种推动作用；对于欧洲大陆西部第二批发展起来的法国、德国而言，国家在经济和社会的现代化中发挥了更为重要的作用；而在后来成功实现现代化的日本，国家的作用往往占了主导地位。阿尔蒙德、鲍威尔：《比较政治学：体系、过程和政策》，曹沛霖等译，上海译文出版社1987年版，第419页。

中国的遏制。因此，中国谋求强大国家能力的过程蕴涵着独特的艰巨性和复杂性。源于西方国家历史场景的有关国家能力建设的经验、理论、或天才设想并不能为中国国家能力发展提供持续有效的理性指引与智力支持。从国家与社会关系维度和国际系统维度及两者的内在关联中对实然存在的国家进行科学的把握，从而对国家能力进行系统的而非零散的、整体的而非局部的深入研究，建构起切合实践需要的国家能力理论框架，无疑是重要且必要的。

1.2 研究现状与相关文献综述

国家能力受到关注与国家的产生是同步的，但将国家能力作为政治学范畴的专门概念使用，则是随着20世纪70年代西方回归国家学派的兴起而出现的。有关国家能力研究的进展可概括为以下三个方面：西方回归国家学派关于国家能力的研究、国内学者关于国家能力的研究以及与国家能力研究有关的其他学术资源。

1.2.1 回归国家学派关于国家能力的研究

行为主义政治学流行之前，国家是政治学研究的中心。行为主义政治学大行其道期间，国家这一概念在西方主流政治学中被边缘化、甚至被摒弃了。随着社会对国家干预的客观需要的增加及国家干预多重后果的显现，国家研究重新被重视。"国家问题的重新出现不是因为国家主义者的努力，而是因为现实的发展和这些发展所带来的问题。"[①] 20世纪70年代，以国家的自主性为出

---

① Theodore J. Lowi, "The Reture to the State: Critiques", *American Political Science Review*, September 1988, Vol. 82, No. 3, p. 894.

第一章 导 论

发点研究国家能力的回归国家学派在西方学术界兴起。《使国家回归》论文集面世后，其学术影响逐渐扩大，涌现出了一批活跃于西方学界的研究者，斯考克波尔（Theda Skocpol）、乔·米格达尔（Joel S. Migdal）、埃文斯（P. Evans）等是其主要代表人物。

斯考克波尔主张将国家看做"一系列的行政管理、政策和军事组织，这些组织由执政当局领导并进行不同程度的协调。任何国家首要和基本的活动是从社会抽取资源并将这些资源用之于创建和支持暴力与行政管理组织"①。国家能力表现在"贯彻公务目标方面，尤其是通过克服强有力的社会集团实际的或潜在的反对力量来贯彻这些目标"②。米格达尔认为，国家能力是"国家通过种种计划、政策和行动实现其领导人所寻求的社会变化的能力"，其主要表现是："影响社会组织、规置社会关系、抽取资源和拨款或以特定的方式使用资源。"③

国家具有自主性是回归国家学派的立论基点。"国家具有自己的逻辑和利益，它不必与社会中统治阶级的利益相同，也不必与充斥国家的各种成员集团的利益相融合"，"国家可以看做是拥有对领土、居民控制权的组织，它可以系统地表达和推进自己的目标，而不是简单地反映集团、阶级或社会的需要与利益。"④ 在国

---

① Theda Skocpol, *State and Social Revolution: A Comparative Analysis of France, Russia and China*, Cambridge: Cambridge University Press, 1979, p. 27.

② Peter Evans, et. al., *Bring the State Back In*, Cambridge: Cambridge University Press, 1985, p. 9.

③ Joel S. Migdal, *Strong Societies and Weak States: State - Society Relations and State Capabilities in the Third World*, Princeton: Princeton University Press, 1988, pp. 4 - 5.

④ Theda Skocpol, *State and Social Revolution: A Comparative Analysis of France, Russia and China*, Cambridge: Cambridge University Press, 1979, p. 27, p. 285.

家自主性的基础上，回归国家学派使用了"强国家"和"弱国家"的概念。该学派认为，自主性强则国家能力强，自主性弱则国家能力弱。回归国家学派从国家的自主性出发，在某种程度上揭示了国家作为相对独立的力量同统治阶级的复杂关系，有助于具体理解国家的功能和作用，其对于国家能力的诸种表现的探讨为国家能力研究提供了富有启发性的学术资源。但回归国家学派将国家能力与自主性简单对应的理论进路明显是有缺陷的，国家的危险既可来自自身的软弱，也可来自自身的强横。总的来讲，回归国家学派对于国家能力的理解是对处于特定历史场景中的国家的非常态能力的经验总结，这种以国家为本体的国家能力观并不具有普适性。

1.2.2 中国学者关于国家能力的探讨

在中国，开启国家能力研究先河的是胡鞍钢、王绍光二位学者。他们以回归国家学派关于国家能力研究的成果为理论渊源，依据中国的有关国情数据，分析了中国国家能力与国民经济发展的关系，阐述了市场经济转型过程中国家能力的重要性。在《中国国家能力报告》一书中，作者指出，国家能力是国家将自己的意志、目标转化为现实的能力。该书将国家能力概括为四种具体能力：汲取能力、调控能力、合法化能力、强制能力。在作者看来，国家汲取财政能力是最重要的国家能力；财政汲取能力即国家动员汲取全社会资源的能力，是国家能力的核心，是国家实现其他能力的基础；而决定国家汲取财政能力的最重要的因素是财政体制。作者分析了我国中央政府汲取财政能力下降的原因，并提出了相应的对策：一是提高政府汲取社会资源的能力，使相当

第一章 导 论

一部分社会资源通过现代税收或非税收手段转变为政府资源；二是提高中央政府运用财政的能力，使相当一部分政府资源通过分税制转变为中央政府资源，即提高两个财政比例：财政收入占国民收入的比例，中央财政占国民收入的比例。[①] 总的看来，《中国国家能力报告》是作者运用西方回归学派中一些采用定量分析方法的学者偏重于税收的国家能力观，在当时中央政府汲取财政能力下降的特定背景下所作的具有明确针对性的对策性研究。

继《中国国家能力报告》之后，时和兴从政治发展过程中的国家与社会关系的视角对国家能力进行了探讨。作者在分析了韦伯—海因兹主义、结构功能主义、公共政策学派、经济史学派、政治经济学派、回归国家学派涉及国家能力的有关理论成果后，提出了自己对于国家能力的看法。作者认为，国家能力包括国家的政治统治能力与政治管理能力，具体分为社会抽取能力（获取财政支持和人力服务）、社会规范能力（对社会的制度化规约）、社会控制能力（以强制性手段对社会进行控制）、社会适应能力（制度创新与政策创新），继而分析了国家能力的增长及其有效性的变化，阐述了国家行动的有效性限度，并对现代国家有效的行动机制进行了探讨。[②]

此外，国内学术界亦陆续发表了一些有关国家能力研究的论文，主要有：《论转型时期的国家能力与社会能力》（刘京希，《文史哲》1996年第1期），《发展中国家的国家能力比较》（黎静，《政治学研究》1999年第3期），《政治发展进程中的国家能

---

① 王绍光、胡鞍钢：《中国国家能力报告》，辽宁人民出版社1993年版。
② 时和兴：《关系、限度、制度——政治发展过程中的国家与社会》，北京大学出版社1996年版，第147—194页。

力及其限度分析》（孙明军，《社会科学战线》1999年第3期），《国家能力与政治发展》（江秀平，《厦门大学学报》2000年第4期），《国家能力：涵义、特征与结构分析》（黄宝玖，《政治学研究》2004年第4期）。总的来看，论文数量不多，通过学术期刊网查询，国家能力研究方面的论文尚不足100篇，高质量的论文更少。少数学者试图结合中国的状况对国家能力进行新的探讨，而大部分论者则是套用西方回归学派的观点对中国国家能力进行"生吞活剥"式的"解析"。客观地讲，中国的国家能力研究尚处于引进、介绍西方回归国家学派理论的起步阶段。

1.2.3 与国家能力研究有关的其他学术资源

1. 国家学说史中关于国家能力的学术资源

在数千年的国家文明演进中，出现了众多的国家学说。这些众多的国家学说中包含着丰富的有关国家能力的学术资源，如古代中国儒家思想中的"仁政"、"大一统"等理论；在西方，更是涌现了涉及国家能力的大量经典著作，如亚里士多德（Aristotle）的《政治学》（*Politics*），马基雅维利（Machiavelli）的《君主论》（*The Prince*），霍布斯（Hobbes）的《利维坦》（*Leviathan*），洛克（Locke）的《政府论》（*Concerning Civil Government*），孟德斯鸠（Montesquieu）的《论法的精神》（*The Spirit of the Laws*），卢梭（Rousseau）的《社会契约论》（*The Social Contract*），黑格尔（Hegel）的《法哲学原理》（*Elements of the Philosophy of Right*），密尔（Mill）的《论代议制政府》（*Considerations on Representative Government*），汉密尔顿（Hamilton）等著的《联邦党人文集》（*The Federalist Papers*），托克维尔（Tocqueville）的《论美国的民

主》(De la démocratie en Amérique)，亨廷顿（Huntington）的《变化社会中的政治秩序》(Political Order in Changing Societies)，普朗查斯（Poulantza）的《政治权力与社会阶级》(Political Power and Social Classes)，密利本德（Miliband）的《资本主义社会的国家》(The State in Capitalist Society) 等。这些著作或从政体的角度，或从国家权力的掌控角度，或从国家权力的配置与运行机制的角度，或从阶级的角度，对国家能力进行了侧重于某一方面的探讨。

2. 社会学、经济学、历史学等研究成果中涉及国家能力的学术资源

这方面的文献浩如烟海，举要而言，如韦伯（Weber）的《经济与社会》(Economy and Society)，艾森斯塔德（Eisenstadt）的《帝国的政治体系》(The Political Systems of Empires)，兰德斯（Landes）的《国富国穷》(The Wealth and Poverty of Nations)，诺斯（North）的《经济史中的结构与变迁》(Structure and Change in Economic History)，布坎南（Buchanan）的《自由、市场与国家》(Liberty, Market and State)，奥尔森（Olson）的《国家兴衰探源》(The Rise and Decline of Nations)，萨缪尔森（Samuelson）、诺德豪斯（Nordhaus）的《经济学》(Economics)，斯蒂格利茨（Stiglitz）的《经济学》(Economics)，波特（Porter）的《国家竞争优势》(The Competitive Advantage of Nations)，保罗·肯尼迪（Paul Kennedy）的《大国的兴衰》(The Rise and Fall of the Great Powers)，汤因比（Toynbeen）的《历史研究》(A Study of History)，巴林顿·摩尔（Barrington Moore）的《专制与民主的社会起源》(Social Origins of Dictatorship and Democracy) 等。

3. 国际政治研究成果中涉及国家能力方面的学术资源

国家既可因内部的冲突而瓦解，也可因他国的重压而崩溃。

研究国际政治的学者对国际政治中的权势问题开展了大量深入的研究，不过，他们大多有意无意地忽略了国际政治的国内基础。

一些代表性的著作，如摩根索（Morgetlthau）的《国家间政治》（*Politics among Nations*）、华尔兹（Waltz）的《国际政治理论》（*Theory of International Politics*）、米尔斯海默（Mearsheimer）的《大国政治的悲剧》（*The Tragedy of Great Power Politics*）、基欧汉（Keohane）的《霸权之后》（*After Hegemony*）、基欧汉、约瑟夫·奈（Joseph Nye）的《权力与相互依赖》（*Power and Interdependence*）、约瑟夫·奈的《硬权力与软权力》（*Hard & Soft Power*）、吉尔平（Gilpin）的《全球政治经济学》（*Global Political Economy*）、《全球资本主义的挑战》（*The Challenge of Global Capitalism*）等，对于理解国际体系维度的国家能力具有重要的价值。

综观国家能力研究现状，学者们大多分别从国家与社会关系维度（主要以国家中心）、国际体系维度对国家能力进行探讨，少有从这两个维度的内在关联出发对国家能力进行总体性研究。作为历史的、事实的存在的国家，是与疆域内社会及与国际体系中他国相互作用的复合关系中的国家。对于国家能力的研究，需要从国家与社会关系维度、国际系统维度及其联系的综合把握中寻求更广阔的理论进路，从而构建起较为完整的国家能力研究的理论框架。

第二章 国家能力的涵义

2.1 具代表性的国家能力观评析

国家能力不是一个全新的概念，本书在阐释国家能力涵义之前，有必要先对学术界具代表性的国家能力观作一个简要的剖析，明确既有研究的有益成果与不足之处，有利于深化对国家能力的认知。

检视国家能力研究的相关文献，我们可以从中梳理出三类具有代表性的国家能力观：第一类，国家中心主义的国家能力观；第二类，社会中心主义的国家能力观；第三类，国际体系维度的国家能力观。前两类国家能力观以国家与社会关系为理论视角，第三类国家能力观以国家间关系为理论视角。它们各有优长，亦各有缺陷。

2.1.1 国家中心主义的国家能力观

持此类国家能力观者以西方回归学派为突出代表。该派学者以国家的自主性①为出发点强调国家对社会的主导作用，大多以马克斯·韦伯关于国家的政治统治的论述作为重要的思想渊源。②该学派的主要代表人物斯考克波尔、米格达尔关于国家能力的定义，本文导言部分的文献综述中已经提及，在此不再赘言。总的来看，西方回归学派的学者将国家能力视作国家自主地实现自身的目标、意志的能力。该学派研究者注意到，国家实现其目标、意志凭借的不是国家的身份，而是国家所拥有的足以克服阻碍者或反对者的力量。国家的力量是由国家实际掌握的资源的转化，而国家资源又总是在国家行动中不断地被消耗着，因此，从社会抽取资源的能力也就成为国家最基础的能力，"任何国家首要的和基本的活动是从社会中抽取资源，并将这些资源用之于创建和支持暴力与行政管理组织。"③ 西方回归国家学派从国家的行为过程探讨国家

---

① 按照该学派主要代表人物之一的斯考克波尔的见解，国家的自主性是指"国家机构和精英在某种环境下违背统治阶级的长期的经济利益而行动，或为创立一种新的生产方式而行动的可能性"。(Theda Skocpol, "A Critical Review of Barrington Moore's Social Origins of Dictatorship and Democracy", *Politics and Society*, No. 4, 1979, p. 18.)

② 在韦伯看来，"国家……是一种依仗合法的（也就是说：被视为合法的）暴力手段的人对人的统治关系……任何需要持续进行行政管理的统治运作，一方面需要使人的行为适应于服从那些有权要求认为自己是合法权力体现者的统治者；另一方面，需要支配那些必要时要应用有形的暴力所需要的履行职责的手段：人的行政管理班子和物的行政管理手段"。马克斯·韦伯：《经济与社会》（下卷），林荣远译，商务印书馆1997年版，第732—733页。

③ Theda Skocpol, *State and Social Revolution: A Comparative Analysis of France, Russia and China*, Cambridge: Cambridge University Press, 1979, p. 29.

如何才能有力量实现其目标、意志,对于国家能力的研究是具有重要学术贡献的。但是,由于该学派在理论预设中的国家与社会的关系是以国家为本位的,因而也就无视国家自主性的限度,当国家追求的目标和试图实现的意志超越了国家自主性的限度,也就从国家能力研究滑入国家本位的权力研究,从而在理论上步入歧途,走向国家能力研究的反面。

在中国学术界,探讨国家能力的学者,大多直接或间接借用西方回归国家学派的国家能力概念分析中国的国家能力问题。例如,胡鞍钢,王绍光二位学者在《中国国家能力报告》一书中即将国家能力界定为"国家将自己意志、目标转化为现实的能力"①。这一界定又被不少国内研究者引用,包括一些政治学教科书的作者也将之作为国家能力的定义。

另一些学者则试图通过论述国家能力的限度来对西方回归学派的国家能力概念予以修正。由于这种修正不自觉地以该学派的国家能力定义为"蓝本",因而这种修正的意义是相当有限的,难以形成超越西方回归国家学派思维定势的新的国家能力观。

2.1.2 社会中心主义的国家能力观

马克思主义经典作家曾深刻指出:国家具有"一经获得便逐渐向前发展的相对独立性"②,但"国家不是一个具有独立发展的独立领域","它的存在和发展归根到底都应该从社会的经济生活条件中得到解释。"③ 国家权力对经济发展的作用可以有三种:

---

① 王绍光、胡鞍钢:《中国国家能力报告》,辽宁人民出版社1993年版,第6页。
② 《马克思恩格斯选集》第4卷,人民出版社1995年版,第701页。
③ 同上,第250—251页。

"它可以沿着同一方向起作用，在这种情况下就会发展得比较快；它可以沿着相反方向起作用，在这种情况下，像现在每个大民族的情况那样，它经过一定时期都要崩溃；或者是它可以阻止经济发展沿着既定的方向走，而给它规定另外的方向——这种情况归根到底还是归结为前两种情况中的一种，但是很明显，在第二种和第三种情况下，政治权力会给经济发展带来巨大的损害，并造成人力和物力的大量浪费。"① 不过，恩格斯在致弗·梅林的信中谈到马克思和他的著作中有一点通常强调得不够，"在这方面我们大家都有同样的过错。这就是说，我们大家首先是把重点放在从基本经济事实中引出政治的、法的和其他意识形态的观念以及以这些观念为中介的行动，而且**必须这样做**，但是我们这样做的时候为了内容方面而忽视了形式方面，即这些观念等等是由什么样的方式和方法产生的。"② 马克思主义经典作家没有对本质上属于经济生活中处于支配地位的统治阶级的国家为何会朝着与经济发展相反的方向起作用，以及阶级性质相同的国家的不同绩效与兴衰作出足够的解释。经典作家关于社会决定国家的理论，为我们理解国家能力提供了一把关键性的钥匙，但国家是具有自身结构和运行机制的政治实体，它不是在社会中自然生长的，而是人为构建的且是通过职业化的公职人员具体地行使国家权力、履行国家职责来实现国家的统治与管理职能的，对于国家能力的认知需要以社会决定国家为出发点展开更为细致、深入的分析。

自由主义论者将保障个人权利视为国家的目的，主张将国家权力限制在保障个人权利所必需的范围内，以防止国家拥有过大

---

① 《马克思恩格斯选集》第 4 卷，人民出版社 1995 年版，第 701 页。
② 同上，第 726 页。

第二章 国家能力的涵义

的权力而对个人权利构成威胁和侵吞①,认为国家拥有过大的权力不仅不会增加国家的能力,反而会削弱国家的能力,权力受到限制的国家才可能真正成为拥有强大能力的国家,"有限政府也许会比无限政府更强有力。制约可能是力量的渊源,这并非自相矛盾,而是一种充满悖论的洞见……通过限制政府官员的专断权力,可能在适当条件下解决特定问题以及为了共同目标而动员集体资源的能力。"② 毋庸置疑,一个对社会不受限制地行使权力的国家,

---

① 在洛克看来,"人们联合成为国家和置身于政府之下的重大的和主要的目的,是保护他们的财产。""政府权力就是为了规定和保护财产而制定法律的权利,判处死刑和一切较轻处分的权利,以及使用共同体的力量来执行这些法律和保卫国家不受外来侵害的权利;而这一切都只是为了公众福利。"洛克:《政府论》(下),瞿菊农、叶启芳译,商务印书馆 1964 年版,第 77 页、第 2 页。而在波普尔看来,"反对可避免的苦难的斗争应该成为公共政策的一个公认的目标,而增加幸福应主要留待个人发挥首创精神去解决。""国家尽管是必要的,但却必定是一种始终存在的危险或者(如我斗胆形容的)一种罪恶。因为,如果国家要履行它的职能,那它不管怎样必定拥有比任何个别国民或公众团体更大的力量;虽然我们可以设计各种制度,以使这些权力被滥用的危险减少到了低限度,但我们决不可能根绝这种危险。"波普尔:《猜想与反驳》,傅季重等译,上海译文出版社 1986 年版,第 493 页、第 500 页。保守自由主义者诺齐克则力倡"最弱意义的国家","我认真考虑了无政府主义者的下述主张——国家在坚持使用武力的独占权和保护一个地区的所有人的过程中,必然会侵犯到个人的权利,因而它本质上是不道德的,我反对这一主张。"但是,"可以得到证明的是一种最弱意义上的国家,即一种仅限于防止暴力、偷窃、欺骗和强制履行契约等较有限功能的国家,而任何功能更多的国家都将因其侵犯到个人不能被强迫做某些事的权利而得不到证明。"罗伯特·诺齐克:《无政府、国家与乌托邦》,姚大志译,中国社会科学出版社 1999 年版,第 3 页、第 1 页。

② Stephen Holmes, *Passions and Constraint: On the Theory of Liberal Democracy*,转引自李强,《宪政自由主义与国家构建》,见王炎编:《宪政主义与现代国家》,生活·读书·新知三联书店 2003 年版,第 39 页。

不是在暴虐中毁灭，就是腐败中夭亡，历史上从来没有过这样的国家政治实体（政府）得享"高寿"的实例。权力是国家能力的必备要素，但无限制的权力是国家能力绝对的祸患。当然，这并不意味着，权力受到社会制约的国家就一定会成为能力强的国家，前者只是后者的必要条件而非充分条件。自由主义论者的国家能力观，可以说明国家权力在受到限制的情形下才可能具有强大的能力，但难以进一步说明国家在此情形下如何才能具有强大的能力。

2.1.3　国际体系维度的国家能力观

在国际政治研究的主流理论中，分别以华尔兹、基欧汉为代表的新现实主义、新自由制度主义均对国际体系维度的国家能力提出了各自的看法。

在华尔兹看来，由于国际体系中不存在比国家更高的行为体来帮助国家削弱或制止任何一方使用它的认为符合自身目的的任何手段，处于无政府状态的国际体系本质上是一个自助体系，"为实现自身目标，维持自身安全，无政府状态下的单元（国家——引者注）……必须依靠自身创造的手段以及它们能为自己所作的安排。自助必然是无政府秩序中的行为准则"。[①] "那些不实行自助或自助效率较低的行为体将无法实现繁荣，并将面临危险和苦难。"[②] 在以自助为行为准则的无政府的国际体系中，国家"必须运用它们的综合实力来维护自身的利益，国家的经济、军事及其

---

① ［美］肯尼思·华尔兹：《国际政治理论》，信强译，上海人民出版社2003年版，第147页。
② 同上，第157页。

第二章　国家能力的涵义

他能力不能被分割开来加以衡量，国家并不因某一方面实力出众而成为一流强国。它们的地位取决于它在以下所有方面的得分：人口、领土、资源禀赋、经济实力、军事实力、政治稳定及能力。国家花费大量时间来评估彼此的能力，特别是危害能力。"[1]

华尔兹认为，在国际体系中，国家能力是与他国相比较的相对能力，国家根据相对能力的大小在国际体系中占据不同的位置。国家能力在现实形态上体现为国家权力，其中武力是国家权力的核心。"安全是国家的最高目标……权力只是手段，而非目的"[2]，但以武力为核心的权力是保障国家安全不可替代的手段，"通过武力的威胁而制止使用武力，以武力反对武力，通过武力威胁或武力的使用以影响国家政策，曾经是而且仍将是对安全事务进行控制的最重要手段。世界权力分配极不公平，通过运用武力威胁，某些国家能够减少他国在国际上对武力的使用。也正是由于其具有超强的权力，一旦它们没有或是无法控制暴力的发生，它们也能够吸收由此而可能产生的不稳定变化。"[3] 由于一国权力的大小是与他国权力相比较而言的，一国权力的更快增长，则意味着他国权力的相对下降，因此，"各国倾向于模仿他国成功的政策"，[4]"一旦某一国家未能遵循成功的实践便将使自身处于不利的境地。"[5]

由于华尔兹的理论是单一的国际体系维度的，并不存在国家

---

[1] ［美］肯尼思·华尔兹：《国际政治理论》，信强译，上海人民出版社2003年版，第174—175页。
[2] 同上，第167页。
[3] 同上，第238页。
[4] 同上，第164页。
[5] 同上，第169页。

与社会关系的内容，因而也就无法对具体某一国家在国际体系维度的国家能力变化给出完整的解释，因为国际体系维度的国家能力变化归根到底是由各国疆域内社会规模和发展水平决定的国家间相对实力的对比变化。另一方面，由于华尔兹的国际体系理论中所谓的的国际体系是自我设定的而非历史的，国际体系的无政府状态是不进化的，因而也就难以对不同时代的国际体系维度的国家能力的内容作出区分。不过，尽管如此，华尔兹关于置身于无政府的国际体系的国家的自助性、竞争性及以武力作为保障国家安全最重要的手段等关键性论述，对于我们理解国际体系维度的国家能力仍然具有基础性的理论意义。

新自由制度主义的主要代表人物基欧汉注意到：（1）随着国际相互依赖①的加强，权力（武力）起作用的效果随权力作用的领域、方式、途径的不同而呈现明显差别，国家权力在国际事务中直接起作用的总体效果趋于减弱。（2）在以经济相互依赖为基础的国际相互依赖中，相互依赖的国家间既存在共同的利益，又由于这种置身于无政府的国际体系中的国家间的相互依赖是不对称的，彼此间存在现实的或潜在的冲突。这种既存在共同利益又存在利益冲突的复杂情势中既包含合作的契机，也伴随着纷争的危险。（3）在无政府的国际体系中，合作虽然不易，但合作是可能的，也是必要的，"利己的政府能够在共享利益的基础上，理性

---

① 相互依赖，即彼此相依赖。世界政治中的相互依赖是以国家之间或不同国家的行为体之间相互影响为特征的情形。这些影响往往源自国际交往——跨国界的货币、商品、人员和信息的流动。当交往产生需要有关各方付出代价的相互影响时（这些影响并不必然的对等），相互依赖便出现了。罗伯特·基欧汉、约瑟夫·奈：《权力与相互依赖》，门洪华译，北京大学出版社2002年版，第9—10页。

第二章　国家能力的涵义

地建立国际机制。政府会遵守机制中的规则,即使这样做可能不符合它们的短视利益,在多事的世界中,这种明显的自我抑制恰恰反映了理性的利己主义。"①

基欧汉"保留了现实主义关于世界政治中权力和利益作用的核心洞见"②,但鉴于在世界经济日益相互依赖的情形下直接运用国家权力的效力弱化,他论述了拥有强大权力的国家可以通过领导创建国际机制,确立对其有利的国际规则和行动框架,使国家权力得以延伸、转化,从而在更高层次达成权力与财富的互补。基欧汉在《霸权之后》一书中谈及20世纪40年代后期美国运用其强大的权力构造国际机制时对此作了注释性说明:"美国的权力被用来设计和建设与美国资本主义结构相一致的国际经济安排;反过来说,美国的军事力量长远来说是依赖美国同西欧和日本之间紧密的经济和政治联系的,单单说美国的经济目标或政治目标是首要的,并未切中要题,问题的要害是美国在海外的经济利益取决于建设一个资本主义足以繁荣的政治环境,而美国的政治和安全利益取决于欧洲和日本的经济复苏。"③ 接着,基欧汉总结道:"任何关于世界政治经济的分析,都必须牢记对生产和权力的投资在不断地进行或者消耗着。有些投资体现在对国际机制的投资和领导战略的投资上,这些投资对构造国际机制和维护领导地位是有帮助的……我们在分析世界政治经济中的合作问题时,需

---

① [美]罗伯特·基欧汉:《霸权之后》,苏长和等译,上海人民出版社2006年版,第106页。
② [美]罗伯特·基欧汉、约瑟夫·奈:《权力与相互依赖》,门洪华译,北京大学出版社2002年版,中文版序言。
③ [美]罗伯特·基欧汉:《霸权之后》,苏长和等译,上海人民出版社2006年版,第22页。

要将更多的精力集中在获得自身利益的经济和政治目标的手段上。"① 当然，国际体系中最强有力的国家领导创设国际机制以确立对其有利的国际规则与行动框架，并非一定能产生与其创设国际机制的预期相一致的结果，② 国际机制不是使国家间的竞争消解，而是使国际竞争在更复杂的场景中展开，国际机制下的合作是一种更高技艺的竞争方式。

同华尔兹一样，基欧汉没有提出整合国际关系与国内政治的理论，同样难以对国际体系维度的国家能力的变化作出完整的解释。

此外，尚需提及的是，新自由制度主义的另一代表人物约瑟夫·奈的"软力量"概念。"软力量是通过吸引而非强迫或收买的手段来达己所愿的能力。"③ 约瑟夫·奈认为，国家的力量包括硬力量与软力量。军事、经济力量属于硬力量，"国家的软力量主要来自三种资源：文化（在能对他国产生吸引力的地方起作用），政治价值观（当它在海内外都能真正实践这些价值时）及外交政策（当政策被视为具有合法性及道德威信时）"④。国家的硬力量

---

① ［美］罗伯特·基欧汉：《霸权之后》，苏长和等译，上海人民出版社2006年版，第23—24页。
② ［美］罗伯特·基欧汉在1981—1984年写作《霸权之后》一书时，正值领导创立战后国际机制的美国的霸权趋于衰落，该书的隐藏主题即在于，为霸权趋于衰落的美国提供如何维护美国利益的政策建议。不过，随后美国实力得以恢复。至于基欧汉试图论证的由霸权国领导创设的国际机制在霸权国衰落后仍会存续这一命题也就需留待日后检验。
③ ［美］约瑟夫·奈：《软力量——世界政坛成功之道》，吴晓辉、钱程译，东方出版社2005年版，前言。
④ 同上，第11页。

和软力量相辅相成,它们之间的区别在于其行为的性质和资源的实在程度不同。硬力量通常与支配行为相关联,支配力量依赖军事、经济力量通过强迫或引诱的方式发挥作用而改变他国的行为;软力量通常与吸纳力相关联,吸纳力是国家依赖于其文化和价值的吸引力或通过操纵政治议程的选择左右他国愿望的能力。但这种关联不是绝对的,比如,有时一些国家会被他国不可战胜的神话吸引而甘受其支配,这时支配力则被用来建立机制,并在日后成为既成事实。强劲的经济不仅是进行制裁和提供报酬的资本,同时也是吸引力的来源。一国经济和军事的衰落不仅使其丧失硬力量,也能使其丧失部分影响国际议程的能力,并丧失自身的部分吸引力。[①] 约瑟夫·奈认为:"在当前多样化的世界中,军事、经济和软实力这三种力量资源都有用,只是程度不同所依存的关系不同而已,但是如果按当前信息革命的经济和社会趋势发展下去,软力量会变得日益重要。"[②] 不可否认,在以拥有组织化的暴力的国家为行为体构成的国际体系中,国家的安全与利益在根本上只能依靠硬力量来保障,但约瑟夫·奈的"软力量"观对硬力量观是一种有益的补充。

2.2 国家能力的涵义及其阐释

综上,基于导论中关于国家的理解,借鉴既有国家能力探讨的理论成果,补正其明显的缺失,本书认为,国家能力是国家从

---

① [美]约瑟夫·奈:《软力量——世界政坛成功之道》,吴晓辉、钱程译,东方出版社2005年版,第7—9页。

② 同上,第29页。

社会积聚资源并将之转化为可资运用的力量，实施对社会的统治与管理，应对他国的竞争与挑战的整体效能。

详言之，国家能力不能单从国家自身来说明，需从国家与疆域内社会和国际体系中他国相互作用的复合关系中来理解。

2.2.1 国家实施对社会的统治与管理的能力

国家"决不是从外部强加于社会的一种力量"①。一方面，社会由于存在生产方式形成的内在对立与冲突而无法自我实现有序运行与发展，只有通过国家的统治与管理，才能将社会的这种对立与冲突保持在"秩序"的范围内；另一方面，国家也只有履行了以维护生产方式正常进行为核心的对社会的统治与管理职能，才能从社会持续地获得赖以存在下去的物质资源。

国家实施对社会的统治与管理，是通过公职人员具体行使国家权力、执行国家职能来实现的。当公职人员未受到切实的约束与监督时，就会置自身特殊利益于生产方式中居于支配地位的统治阶级的利益及整个社会的共同利益之上，导致国家对社会实施的统治与管理偏离维护生产方式正常进行的核心职能，从而在经济上引发混乱，在政治上招致包括统治阶级在内的社会成员的普遍抗拒。经济上的混乱使国家可从社会积聚的资源日益减少，社会的普遍抗拒使国家实施对社会的统治与管理所需消耗的资源日益增加，在此种情形下，不管国家拥有多么庞大的资源储备都将不可避免地造成国家对于资源的积聚赶不上国家实施对社会的统治与管理（其自身和行为对象）对于资源

---

① 《马克思恩格斯选集》第4卷，人民出版社1995年版，第170页。

的消耗。而国家从社会积聚的资源愈是入不敷出，国家也就愈是难以维持对社会的统治与管理，国家愈是难以维持对社会的统治与管理，国家从社会积聚的资源也就愈是入不敷出，国家也就必然在这样的恶性循环中走向崩溃，从而导致国家的失败与社会的失序。

当公职人员受到了切实的约束与监督，加上制度上与道德上的激励，则公职人员阶层将致力于正当行使国家权力，执行国家职能以维护生产方式的正常进行，通过增进社会的总体利益来增进自己的利益。在这种情形下，社会经济的正常运转、生产方式中居于支配地位的统治阶级的整体利益的维护及被统治阶级得以生存下去所必需的基本权益的保障便可得到有机的统一。由此，社会经济的正常运转使国家可持续而稳定的从社会积聚资源，而统治阶级的支持与被统治阶级的顺从使国家消耗较少的资源（相对于从社会积聚的资源）即可有效地实施对社会的统治与管理，从而形成国家与社会的良性互动。

2.2.2 国家应对他国竞争与挑战的能力

国家从社会积聚的资源并不只是用于国家对社会的统治与管理，国家在统治与管理社会的同时，还置身于无政府的国际体系。国家本身虽是拥有组织化暴力的政治实体，但国家为实施对社会的统治与管理而建立的组织化暴力并不足以抵御他国为攻击别国而建立的武力。在以国家为最高行为体的无政府国际体系中，既没有更高的行为体阻止某国发展进攻性武力，也没有更高的行为体阻止一国对另一国的武力进攻。"在一个国家安全无法得到保证的世界里，生存动机被视为一切行动的基础，而不是对国家行动幕后动力的现实描述"①。在战时，国家武力的强弱直接关系到国家及其具有特定历史传承的疆域内社会的命运，国家间的战争虽非连续不断，但"在和平时代忽视军事安全的作用，就如同忘记了氧气对呼吸的重要性"②。为了保卫本国的安全和利益，国家就必须将一部分资源转化为军事力量。不过，国家将资源转化为军事力量并不意味着它就拥有了足以抵御他国的武力威胁与攻击的能力。一国拥有的相对武力，固然首先取决于该国将资源转化为武力的相对绩效，但更为根本的是取决于该国疆域内社会所产生的资源与他国疆域内社会所产生的资源的对比关系。③

在无政府的国际体系中，国家间的竞争与挑战，不管具体的内容如何变化，归根到底都是基于各自疆域内社会产生的资源对比的较量。由于没有国家能左右国家间相互竞争与挑战的局面，因此，即使是最强大的国家也必须为应对他国的竞争与挑战而行动，因为无论它眼前多么强大，只要它不能保持社会产生的资源具有与他国的社会产生的资源的比较优势，它就不可避免从最强国的宝座跌落的命运。

---

① [美]肯尼思·华尔兹：《国际政治理论》，信强译，上海人民出版社2003年版，第122—123页。
② [美]罗伯特·基欧汉、约瑟夫·奈：《权力与相互依赖》，门洪华译，北京大学出版社2002年版，中文版序言。
③ 著名历史学家保罗·肯尼迪曾对1500年以来的大国兴衰总结道："经济增长速度的不均衡，对于国家体系中许多成员国相对的军事力量和战略地位都产生了决定性的长期影响……世界军事力量对比的所有重大变化，都是随着生产力对比的变化而变更的，而且国际体系中各帝国和国家的兴衰，同主要大国战争的结局是一致的。在这些战争中，胜利通常属于拥有最雄厚的物质资源的一方。"保罗·肯尼迪：《大国的兴衰》，王保存等译，求实出版社1988年版，第536—537页。

2.2.3 国家既须在与疆域内社会的相互作用中实施对社会的统治与管理,又须在与国际体系中他国的相互作用中应对他国的竞争与挑战

国家无论是实施对社会的统治与管理,还是应对他国的竞争与挑战,都是以其从社会积聚的资源为力量基础的。国家可从社会积聚的资源的多寡无疑是受社会实际产生的资源的多寡的限制,社会并非自发地产生资源,若国家对社会的统治与管理维护了生产方式的正常进行,则社会产生的资源较多(相对于对生产方式正常进行维护得不够而言),而国家消耗较少的资源(相对于可持续、稳定地从社会积聚的资源),即可有效地对社会实施统治与管理,从而可将更多的资源用于应对他国的竞争与挑战;反之亦然。在后一种情形下,国家是无力有效地应对他国的竞争与挑战的,但这并不意味着在前一种情形下,国家就一定能有效地应对他国的竞争与挑战,国家仍可能因所统辖社会的规模(主要是指国土面积与相应的人口数量)或生产力发展水平的局限而在可资运用的资源上处于与他国相比较的相对劣势。在国际竞争与挑战中,国家既可能通过征服他国领土扩增其社会的规模或加速生产力发展改变其可资运用的资源与他国的对比关系而提高应对他国的竞争与挑战的有效程度,也可能因其疆土被他国侵吞或生产力发展水平的差距继续扩大而进一步没落。

综上所述,国家在与疆域内社会和国际体系中他国相互作用的复合关系中,从社会积聚资源并将之转化为可资运用的力量,实施对社会的统治与管理、应对他国的竞争与挑战的效能,正是国家能力的实质所在。

2.3 国家能力相关概念辨析

2.3.1 国家能力与国家权力

辨析国家能力与国家权力，有必要先对能力与权力进行简要的甄别。能力与权力都是以"力"为特征的概念，但能力的重心在能，能是"体"，力是"用"，能的要义是"效能"，能力关注的是力对于作用对象的有效性；权力的重心在权，权是"体"，力是"用"，权的要义是权衡、控制，权力关注的是以力量克服作用对象的反作用力，从而影响、控制作用对象。

由此，我们不难看到，国家能力与国家权力既存在一定的重合性，又存在明显的分野。从国家与社会关系维度看，国家实际拥有的权力不足以克服对社会实施统治与管理所遭遇的阻力，国家也就不具备有效统治与管理社会的能力，权力的不足即对应于能力的不足。汉密尔顿曾从行政的角度指出："软弱无力的行政部门必然造成软弱无力的行政管理。而软弱无力无非是管理不善的另一种说法而已，管理不善的政府，无论在理论上有任何说辞，在实际上就是个坏政府……使行政部门能够强而有力，所需的因素是：第一、统一；第二、稳定；第三、充分的法律支持；第四、足够的权力。"① 不论是否行政部门具备了汉密尔顿所说的四个要素就能对社会实施"善"的行政管理，但可以肯定的是，如果行政部门缺乏足够的权力，其行政管理一定是不"善"的。同时，

---

① ［美］汉密尔顿、杰伊、麦迪逊：《联邦党人文集》，程逢如等译，商务印书馆1980年版，第356页。

第二章 国家能力的涵义

汉密尔顿指出足够的权力只是行政部门实施"善"的行政管理的要素之一,亦隐含地说明,行政部门拥有足够的权力与行政部门具备强大的行政能力并非一回事。将之推论到国家权力与国家能力的关系上亦如此。进一步说,如果国家拥有了不受约束、监督的强横权力,权力便由国家能力的要素变为国家能力的毒素。在历史上,国家权力的强横而致国家能力的虚弱,虚弱的能力又导致不断消耗的权力无法得到相应的再生和补充,最终导致国家权力的枯竭,国家政权本身亦随之而崩溃的事例,可谓不胜枚举。远者,如中国的秦王朝,前所未有的权力使王朝政权推行前所未有的暴政,而暴政迅速导致秦王朝的倾覆,秦以权力吞噬社会,但终为社会所反噬;近者,如20世纪90年代初瓦解的苏共政权,其超强的权力形成了对社会的全面控制和渗透,但这种超强的权力背后是其对社会统治与管理的有效性的不断下降,超强的权力没有维系苏共政权的稳固,而是导致了苏共政权的衰亡,当初立基于人民的政权,结果为人民所厌弃。

从国际体系维度看,国家权力是国家所拥有的与他国相比较的相对力量。"如果某一行为体(国家——引者注)对其他行为体的影响大于其他行为体对它的影响,那么它就是强大的。"① 对于置身于无政府的国际体系的国家而言,国家权力首先体现为与他国相比较的相对军事力量,一国的军事力量不足以阻止他国的武力攻击或武力威胁,也就是缺乏保卫本国的安全和利益的能力,在这个意义上,国家能力与国家权力是一致的。但进一步看,国家的军事力量是以国家的经济力量即物质财富为基础的,物质财

---

① [美]肯尼思·华尔兹:《国际政治理论》,信强译,上海人民出版社2003年版,第258页。

富又以社会的物质生产为源泉，而社会由于生产方式产生的内在对立与冲突，并不能自我实现有序运行，物质生产是在国家的统治与管理之下进行的。在充满竞争与挑战的国际舞台，一个国家，无论它眼前拥有多么强大的权力，只要它不能将面临的国际竞争与挑战的压力（现实的及潜在的）转化为推进社会发展的动力，以保持物质生产的相对优势，其权力的衰减就不可避免。保罗·肯尼迪通过考察1500年以来的大国①兴衰总结道："强国所追求的伟业具有三重性，即同时要实现三项目的，为国家利益提供军事安全（或者可供选择的军事安全）；满足老百姓的经济需求，保证经济的持续增长。其中最后一项，无论对于提供当前所需的大炮和黄油这个积极的目的，还是对于防止相对的经济下降以免损害人民未来的军事和经济安全这个消极目的，都是必不可少的……只实现头两项或其中的一项，而没有第三项，必然导致在更长的时期里出现相对黯淡无光的前景……防务费用与军事安全，社会与消费的需要以及为发展经济而进行投资，这三者都要夺资源……如果在防务、消费和投资这三个相互竞争的需求中没有大致的平衡，一个大国就不能长久地保持它的地位。"② 显然，保罗·肯尼迪上述关于追求强国伟业的国家需保持防务、消费、投资的大致平衡，是相对于他国的具有总体优势的大致平衡，而平衡的关键在于经济（物质生产）的相对增长。概言之，在国际体系维度，国家权力是国家现有的相对军事、经济力量，

---

① 按保罗·肯尼迪的看法，"大国是一个能保卫自己并可对付任何国家的强国"。保罗·肯尼迪：《大国的兴衰》，王保存等译，求实出版社1988年版，第652页。
② ［美］保罗·肯尼迪：《大国的兴衰》，王保存等译，求实出版社1988年版，第544—545页。

国家能力是国家运用军事、经济力量应对他国的竞争与挑战的效能，具体分为：（1）维护国家安全和利益的效能。（2）将面临的国际竞争与挑战的压力转化为社会发展（以生产力发展为轴心）的动力的效能。

归结起来，国家权力是国家能力的必要条件，无权力即无能力，国家能力是国家运用权力履行所承担的职能的有效性。国家作为权力主体与能力主体，其权力的正当性需通过能力来证明，其权力的存续需通过能力来保障。

2.3.2 国家能力与综合国力

综合国力，是一个从国际政治的角度描述国家的总体力量的概念，它所指涉的范围比国家能力更为宽泛，但国家能力并非是综合国力的子概念。不过，由于应对国际体系中他国的竞争与挑战的能力是国家能力的重要组成部分，这一能力与综合国力具有密切的关联性，因而在此对综合国力予以简要的讨论、比较，对于更好地理解国家能力是有意义的。

大致地讲，"综合国力，是一个主权国家生存与发展所拥有的全部实力（物质力和精神力）及国际影响力的总合力。"①

关于综合国力的构成，汉斯·J.摩根索认为共有九大要素：地理条件、自然资源、工业能力、军事准备、人口、民族性格、国民士气、外交的质量、政府的质量。②

---

① 黄硕风：《大国较量：世界主要国家综合国力国际比较》，世界知识出版社2006年版，第18页。
② [美] 汉斯·J.摩根索：《国家间政治》，徐昕等译，中国人民公安大学出版社1990年版，第152—203页。

雷蒙·阿隆（Raymond Aron）认为，综合国力包括三大基本要素：一是地理空间，二是资源（物力、人力），三是集体行动的能力（军事组织、社会结构和质量等）。①

中国研究综合国力的知名学者黄硕风认为，综合国力的构成要素可以概括为：政治、经济、科技、国防、文教、外交、资源等七个方面，而这些要素在综合国力结构中以"力"的形式体现出来。即政治力、经济力、科技力、国防力、文教力、外交力、资源力。② 李天然将综合国力视为一国具有的影响其他一国或几国的综合实力，他将综合国力概括为四个方面：基本实力（地理位置、人口、资源、民族凝聚力）；经济实力（工业实力、农业实力、科技实力、金融实力、商业实力）；防御实力（战略物资、技术、武装力量）；外交实力。③ 张伯里认为，综合国力包括经济、科技、教育、政治、外交、军事、人口、资源、领土、位置等十项。④ 薄贵利在《国家战略论》一书中将综合国力的要素归为地理资源、自然资源、人口、军事力量、经济实力、科技水平、政府质量、社会凝聚力、国民士气等八个方面。⑤

关于综合国力的评估，美国前中央情报局副局长、国务院情报研究司司长雷·S. 克莱因（Ray S. Cline）提出了一个较有影响的计算综合国力的公式：$P_p = (C + E + M) \times (S + W)$。

---

① 倪世雄等著：《当代西方国际关系理论》，复旦大学出版社 2005 年版，第 267 页。
② 黄硕风：《大国较量：世界主要国家综合国力国际比较》，世界知识出版社 2006 年版，第 26—27 页。
③ 李天然：《关于综合国力问题》，载《国际问题研究》，1990 年第 2 期。
④ 张伯里：《论综合国力要素》，载《世界经济与政治》，1989 年第 12 期。
⑤ 薄贵利：《国家战略论》，中国经济出版社 1994 年版，第 296—311 页。

第二章 国家能力的涵义

P_p——被确认的国力。

C——基本实体：人口与领土面积。

E——经济能力：国民生产总值（GNP）与产业结构。产业结构包括能源、矿产、工业、农业、外贸。

M——军事能力：战略力量、常规力量。

以上三项满分500分，其中，C最高分值为100人，人口在2亿以上满分50分，领土面积在800万平方公里以上满分50分。经济能力最高值为200，GNP以美国为100分，其他国家参照评分。产业结构的5个方面各以20分为满分。军事能力最高分值为200，战略力量和常规力量各占100分。

S——战略意图。

W——贯彻国家战略的意志。

S和W均在0.5—1之间取值，两项的系数之和为2。

前三项为国力的物质基础，后两项为国力的精神要件，两者相乘即为国力的总分。[①]

阿什利·泰利斯、乔纳斯·比亚利、克利斯托弗·莱恩、梅丽萨·麦克弗森在总结衡量结合国力传统方法基础上，提出了侧重于军事实力的修正性分析框架。这个框架由国家实力的"构件"、国家绩效、军事能力三个领域构成。"构件"即国家资源，代表潜在的实力，包括技术、企业、人力资源、金融/资本资源、物质资源；国家绩效是指国家将潜在实力转化为有形

---

① ［美］R. S. 克莱因：《1975年世界权力的评估》（中译本），台北黎明文化事业股份有限公司1976年版；《1977年世界权力的评估》（中译本），台北黎明文化事业股份有限公司1979年版；《90年代世界权力趋势及美国对外政策》（中译本），台北黎明文化事业股份有限公司1982年版。

可用的实力的机制，其分析变量包括来自国际体系的外在限制、政府的基础建设能力、观念资源；军事能力代表一个国家在国际政治中运用武力的程度，主要表现为战略资源、转化能力和作战能力。[1]

国内研究综合国力的学者，也提出过一些评估综合国力的公式，如黄硕风运用混沌学、系统论、协同学、耗散结构论等原理、方法建立了"综合国力动态方程"和"综合国力盛衰动态方程"。[2]薄贵利提出的综合国力计算公式为：综合国力 = 软国力 × 硬国力 = ［国家战略意图 + 政府质量 + 国民素质和国民精神］× ［R（基本体积 + 自然资源量 + 经济实力 + 军事力量 + 科技力量）］。其中 R 代表国力的结构系数，表示硬国力各组成部分间的相互比例关系，反映硬国力系统的结构。[3]

综上，我们看到，综合国力与国家能力中的国家是两个不同的实体，前者相当于英文中的"nation"，后者相当于英文中的"state"，综合国力所指涉的是国家（state）与社会作为一个整体的现有力量，关注的是力量的现实存在和各国现有力量的比较，而不是力量产生的机理和过程。研究综合国力可以使我们看到国家（nation）间的实力差距，这是综合国力概念工具的优长，但另一方面，由于模糊了国家（state）与社会的界限，也就难以找到力量消长的深层原因。道格拉斯·诺斯曾从经济史的角度指出："国家（state）的存在是经济增长的关键，然而国家又是人为经济

---

[1] ［美］阿什利·泰利斯、乔纳斯·比亚利、克利斯托弗·莱恩、梅丽萨·麦克弗森：《国家实力评估》，门洪华、黄武福译，新华出版社2002年版。
[2] 黄硕风：《综合国力新论》，社会科学文献出版社1999年版。
[3] 薄贵利：《国家战略论》，中国经济出版社1994年版，第322页。

第二章 国家能力的涵义

衰退的根源。"① 对于国家能力与综合能力而言,"国家能力强可以大大促进综合理国力不断提升;而国家能力弱,也可以使已取得的综合国力优势逐步丧失。"②

---

① [美]道格拉斯·诺斯:《经济史中的结构与变迁》,陈郁、罗华平等译,上海三联书店1991年版,第20页。
② 王绍光、胡鞍钢:《中国国家能力报告》,辽宁人民出版社1993年版,第17页。

第三章 国家能力的构成

国家能力,总的来讲,不外乎两个基本方面:实施对社会的统治与管理的能力和应对他国的竞争与挑战的能力。进一步考察,国家实施对社会的统治与管理的能力可细分为:(1)资源积聚能力;(2)社会控制能力;(3)经济管理与社会服务能力。国家应对他国竞争与挑战的能力可细分为:(1)维护主权与领土不受侵害的能力;(2)参与创建国际机制的能力;(3)国家力量提升能力。

3.1 国家实施对社会的统治与管理的能力

3.1.1 资源积聚能力

国家的资源积聚能力是指国家从社会获得财政资源与人力资源的能力。国家从社会获取财政资源的主要方式,是以"整个社

第三章 国家能力的构成

会的正式代表"①的身份,凭借政治权力从社会征收赋税。"赋税,是政府机器的经济基础"。②国家从社会获取财政资源的另一途径是"发行期票,借债,即发行**公债**"③。由于公债需要偿还,国家偿还公债的资金归根到底源于赋税,公债实际上是赋税的转化形式。

国家从社会获得财政资源的多寡,从根本上讲,取决于社会的经济水平和社会规模。"一般来说,从发达的工业经济中,政治体系(国家——引者注)更容易提取比例较高——绝对量较多——的资源。在经济不太发达的农业社会中,大多数人都生活在最低生存线上,要想提取他们的收入的大部分,以及要想供养一套维持这种提取能力的行政结构都是十分困难的。"④而在经济水平相当的情形下,统辖较大规模社会的国家可提取的资源量无疑要比统辖较小规模社会的国家可提取的资源量大。例如,甲国与乙国人均生产总值均为3000美元,甲国的人口为1000万人,乙国的人口为500万人。两国人均可提取的资源量为20%。那么,甲国可从其社会提取的资源将比乙国提取的资源多30亿美元。当然,国家从社会实际获得的资源量并不一定与国家可从社会提取的资源量相对应。如果国家的权威不足而无法克服社会的抗阻,或赋税征收人员严重腐败,或财税体制存在明显弊病,国家实际获得的财政资源量则将小于可抽取的资源量。另外,在短时期,

---

① 《马克思恩格斯选集》第3卷,人民出版社1995年版,第631页。
② 同上,第315页。
③ 《马克思恩格斯选集》第4卷,人民出版社1995年版,第171页。
④ [美]加布里埃尔·A.阿尔蒙德、小G.宾厄姆·鲍威尔:《比较政治学:体系、过程和政策》,曹沛霖等译,上海译文出版社1987年版,第342页。

国家依靠强制力亦可能掠夺性地从社会获得财政资源，但这样做，必然损害社会的生产性投入。"如果税收侵占资本，它必然会相应地减少始终决定该国生产规模的资金。"① 结果，必然导致国家财源的萎缩乃至枯竭。

国家政治实体在有形的要素上体现为执行职能的人（文职官吏、警察、军队等）与相应的物质设施（设立国家机关的建筑物、办公用品、警察和军队的武器装备等）。国家从社会积聚财政资源，旨在为这些人员提供吃、喝、住、穿所需的物质生活资料和他们执行国家职能所需的物质条件及有关经费。执行国家职能的公职人员和其他所有的人一样，逃脱不了生、老、病、死，在战时，军队还会出现大量的人员牺牲及伤残。因此，国家还必须从社会积聚人力资源，否则就会"后继无人"。从历史上看，国家积聚人力资源有世袭、征召、选举、委任、考录等多种方式。国家的一切职能都是由人来承担的，国家从社会录用的担当公职的人员的才、德状况，无疑影响着国家职能执行的质量和效率。而且，一个国家是否存在社会精英进入国家政权系统的畅通渠道，关系着国家职能执行过程中所遭遇的社会阻力的消长，甚至关系着人们是选择和平的方式还是暴力的方式从事政治活动。当然，这并不是说，国家只要选贤任能，一切问题皆迎刃而解。国家从社会积聚人力资源与国家从社会积聚财政资源一样，只是国家其他能力的基础，而不是替代。国家从社会积聚资源，其目的不在于资源积聚本身，而在于获得对社会实施政治与管理、应对他国的竞争与挑战的必需手段。

---

① ［英］大卫·李嘉图：《政治经济学及赋税原理》，周洁译，华夏出版社2005年版，第106页。

3.1.2 社会控制能力

国家的社会控制能力是国家凭借组织化的暴力或以暴力为后盾对社会进行强制规范的能力。在这里,着重讨论三点:国家控制社会的力量、领域及方式。

1. 控制力量

"国家的本质特征,是和人民大众分离的公共权力。"[①] "构成这种权力的,不仅有武装的人,而且还有物质的附属物。"[②]所谓武装的人,是指军队和警察;所谓物质的附属物是指法庭、监狱等强制机关。国家控制社会的力量,便是这些专门的人和特定的物的有机结合。国家能够拥有多大规模的暴力受制于国家可用于此方面的人力资源和财政资源。因而,国家暴力的规模实际上是受可用于供养暴力的财政资源制约的。当然,财政资源本身并不是暴力。国家要拥有现实的暴力,须以财政资源作支撑,征集人员,制造或购买武器,兴建场所及配置相应设备,并对征集的人员进行训练、编组、使之成建制地武装起来。需要说明的是,评估国家暴力的现状,不仅要看规模(武装人员的数量),更要看质量(武装人员的组织程度、装备水平、价值取向)。另外,对于国家暴力的现状评估,并不等于对国家控制力量强弱的评估。控制国家力量的强弱是相对的,是国家拥有的暴力相对于国家对社会施加控制所遭遇的抗阻力量而言的,国家暴力能克服抗阻力量,则国家控制力量强;反之则弱。国

---

① 《马克思恩格斯选集》第4卷,人民出版社1995年版,第116页。
② 同上,第171页。

家控制力量的强弱与国家对社会施加控制的领域的具体状况密切相关。

2. 控制领域

国家作为有组织的暴力机构，对疆域内社会施加控制所面临的最直接的威胁，是社会中存在国家之外的其他有组织的暴力。这些暴力包括起义力量、割据势力、分裂势力、从国家分化出来的以社会的名义颠覆政府的反叛势力等。这些有组织的暴力，如果强于国家力量，则会导致现存国家政权的瓦解或领土完整被破坏，即使力量小于国家力量，亦将给国家造成危机。因此，国家对社会的控制，首先是对有组织的暴力的控制。但国家首先需要控制的领域并不意味着就是需要国家控制的核心领域，就如人们首先必须解决吃、喝、住、穿，然后才能从事经济、政治、社会、文化活动，并不意味着人们生活的核心追求便是吃、喝、住、穿，这些只是人得以生存发展的前提。而从动态的过程看，人的吃、喝、住、穿的维持是以从事某项职业为条件的，否则，人的吃、喝、住、穿便失去了源泉。国家对社会的有组织暴力的控制，同样是国家生存的前提，但国家之所以能控制有组织的暴力，最直接的原因在于它有控制的力量，而这种力量是源于其从社会积聚的资源的转化。国家之所以能够持续地从社会积聚资源，在于国家执行了其核心的，也是经常的职能——将根源于生产方式形成的社会对立与冲突保持在"秩序"的范围内，保障社会生产方式得以正常进行，社会也在客观上需要向国家提供相应的资源，因为社会需要国家履行它的职能。而国家要减少社会再生有组织的暴力，维护生产方式的正常进行亦是一条根本性的途径。恩格斯在探究国家的起源时指出："在经济发展到一定阶段而必然使社会

第三章 国家能力的构成

分裂为阶级时,国家就由于这种分裂而成为必要了。"① 国家"是从社会中产生但又自居于社会之上并且日益同社会相异化的力量"②。这种力量"站在相互斗争的各阶级之上,压制它们的公开的冲突,顶多容许阶级斗争在经济领域内以所谓合法形式决出结果来"③。简言之,控制社会根源于生产方式形成的阶级对立与冲突,使这种对立与冲突保持在秩序的范围内,以维护生产方式的正常进行,保障社会的有序运行和发展,既是国家产生的深层原因,又是国家存在的主要目的,亦是国家继续存在下去基本根据。也就是说,国家控制的核心领域,是控制社会阶级的对立与冲突。其含义是:

(1) 界定和实施产权,将生产方式中处于支配地位的阶级和处于被支配地位的阶级的关系以国家意志的方式法律化。"产权的本质是一种排他性的权利。"④ 产权所有人依法享有对其物品排他的占有、使用、收益、处分的权利,从而将生产方式中经济上相互对立的阶段的冲突关系转换为国家权威控制下的财产法律关系,确立生产方式中的支配阶级对被支配阶级的合法压迫模式,被支配阶级要突破这种合法的压迫模式则面临国家这个有组织的暴力的制裁。也就是说,国家"用暴力把被剥削阶级控制在当时的生产方式决定的那些压迫条件下"⑤。

(2) 守护生产方式中处于被支配地位的阶级可承受的被压迫的底线。剥削阶级与被剥削阶级是相对应而存在的,没有后者就

---

① 《马克思恩格斯选集》第4卷,人民出版社1995年版,第174页。
② 同上,第170页。
③ 同上,第169页。
④ [美]道格拉斯·诺斯:《经济史中的结构与变迁》,陈郁、罗华平等译,上海译文出版社1991年版,第21页。
⑤ 《马克思恩格斯选集》第3卷,人民出版社1995年版,第630页。

没有前者。国家在理性上作为对立阶级之上的权威性缓和冲突的力量,并非要支持剥削阶级对被剥削阶级进行突破极限的压榨,如果国家充当剥削阶级对被剥削阶级进行突破极限压榨的暴力工具,也就失去了国家之所以为国家的理由。对于剥削阶级而言,国家这样行动,表面上是在维护其利益,实际上则是从根本上危害了他们的整体利益,因为这样行动的国家,不是在缓和冲突,而是在激化矛盾。亚里士多德曾强调指出,维持或保全现行政体的最重要的一个因素是:"愿意维持现政体的人众的势力必须强于不愿意维持现政体者的势力。"[①] 在阶级对立的社会中,被剥削阶级的人数总是明显多于剥削阶级和国家公职人员的人数,在被剥削者可以生活下去的情形下,他们并不会集体反抗国家政权,一则,反抗具有组织化暴力的国家,要付出高昂的代价,包括身家性命;二则,他们也难以被组织起来。但如果被剥削阶级整体遭受无法忍受的政治—经济压迫,共同的难以承受的苦难将迫使他们揭竿而起,形成组织化的反抗国家的力量,即使国家暴力暂时相对强大,但由于被剥削阶级的集体反抗而导致对社会生产的破坏,国家将难以从社会积聚新的资源以弥补力量的消耗,国家政治实体也就免不了走向崩溃,而在这样的社会大动荡中,剥削阶级与被剥削阶级都将承受巨大苦难。显然,这对于剥削阶级、国家、被剥削阶级都是有害无益的。因此,无论是国家还是剥削阶级,在理性上都力图将针对被剥削阶级的压迫保持在他们可承受的底线以内。但剥削阶级的理性与剥削阶级的各个成员的理性是不等同的,作为剥削者个体,在理性上所追求的是加重对被剥削者的剥削,国家守护被剥削阶级

---

① [古希腊]亚里士多德:《政治学》,颜一、秦典华译,中国人民大学出版社2003年版,第184—185页。

可承受的被压迫的底线,即是国家以其普遍的权威确立剥削者对被剥削者进行经济压迫的可行的通行标准。总的来看,被剥削阶级可承受的压迫底线是随着生产力的发展、生产方式的改进而逐步提高的。例如,在西方社会,国家在当代对工人权利的规定和保护,明显要比工业革命初期对工人权利的规定和保护进步得多。国家,一方面是阶级压迫的工具,另一方面又是在阶级压迫中改善压迫的权威力量。"国家权力并不是悬在空中的",[①]它需以生产方式中居于支配地位的统治阶级为依托,但"只有为了社会的普遍利益,个别阶级才能要求普遍的统治"[②]。国家需运用公共权力适当照顾被剥削阶级利益,达成某种平衡,使剥削阶级与被剥削阶级的对立与冲突保持在"秩序"的范围内,从而维护生产方式的正常进行,国家本身也才能存续下去。

(3) 控制经济上的统治阶级内部的各种力量对统治阶级的整体利益和整个社会利益的侵害。正如前面提到的,统治阶级的集体理性与统治阶级各个成员的个体理性是不等同的,统治阶级内部的各个成员、集团、阶层,除存在共同的阶级利益利益外,还存在不同层次的特殊利益,对这些具有不同的特殊利益的个人及群体进行调控、整合,确立适当的行动框架、规则,对其进行约束,规范,使各个成员、集团、阶层在追求、实现具体利益的过程中,不致造成对整个统治阶级的利益和社会公共利益的侵占和伤害,是国家推动社会发展,并随着社会发展对社会施加控制的日益重要的领域。

3. 控制方式

国家对社会的控制方式是根据不同的控制领域及该领域的实

---

① 《马克思恩格斯选集》第1卷,人民出版社1995年版,第677页。
② 同上,第464页。

际状况而采取的。主要的控制方式包括：（1）武力镇压。当社会出现其他的有组织的暴力团体时，国家就将采取武力镇压的控制方式。军队是专业化的武装力量，是国家暴力的核心，是国家公共权力的支柱。在天下太平时，军队作为威慑力量和国家控制力的后盾而存在，备而不用。一旦社会出现相异于国家力量的有组织的暴力，军队就将派上用场。除非无能为力，国家总是要将社会中有组织的暴力铲除、消灭，而不是遏制、压服，因为社会中存在有组织的暴力，不论它眼前是否反抗国家政权，都是对国家政权最直接的严重威胁。（2）刑罚。国家为维护社会正常的秩序，通常由刑法规定破坏社会秩序达到一定程度的行为为犯罪行为，并规定犯罪人应承担的法律后果，警察、法庭、监狱等则合力强制犯罪人承担刑事责任，惩治、改造罪犯，从而对其他社会成员产生震慑和预防作用。（3）行政制裁。对于破坏国家所维护的秩序程度较轻、尚未达到犯罪的人，根据具体的情节、后果，依法给予警告、罚款、拘留等行政处罚；而对于实施此类行为的法人则根据具体的情节、后果，依法给以罚款、停业整顿、吊销营业执照等行政处罚。（4）民（商）事法律制裁。对于民（商）事主体间的侵权行为与违反契约的行为，国家司法机关通过审理具体的案件适用法律，强制行为人（自然人、法人）承担民（商）事法律责任。（5）思想观念约束。国家通过自己掌握的宣教机构及可利用的社会传媒，压制与国家意识形态相抵触的思想、观念，标榜、宣扬、传输国家认可、推崇的思想、观念，以保障国家意识形态在社会精神生活中的主导地位。

3.1.3 经济管理与社会服务能力

国家的经济管理与社会服务的范围及内容，同生产方式的客

第三章　国家能力的构成

观要求、社会的公共需要、可用于经济管理与社会服务的资源、促进社会产出增长的限度等因素密切相依。在前工业时代，自然经济的自足特性、社会剩余的微薄、社会产出增加的缓慢，使得国家的经济管理与社会服务职能相当简单。国家对经济的管理主要是组织人力修建水利灌溉等极有限的公共工程，国家的社会服务主要是在天灾肆虐的年份放粮赈灾。但国家的经济管理与社会服务职能的简单并不意味着它不重要。恩格斯在考察古代东方国家的职能时指出："不管在波斯和印度兴起和衰落的专制政府有多少，每一个专制政府都十分清楚地知道自己首先是河谷灌溉的总管，在那里，没有灌溉就不可能有农业。"① 而国家在社会遭遇重大的旱、涝、虫等天灾时，赈济灾民亦非无关痛痒之事，如果灾民得不到政府的救助，社会上不仅会盗抢之徒蜂起，而且流离失所的灾民可能群聚而酿成有组织的暴力的生成，给社会的稳定和政权的稳定造成严峻的威胁。

当历史的车轮驶入工业时代，特别是19世纪末以来，国家介入社会经济的广度与深度，提供公共物品的数量与品种都较之以前大为扩展了。现代行政学的先驱伍德罗·威尔逊（Woodrow Wilson）在1887年发表的著名论文《行政学研究》中写道："政府的职能在逐日变得更加复杂和更加困难，它们在数量上也同样在大大增加。""在以往许多世纪当中就可以明显地看出政府活动方面的困难在不断汇集起来"，但"在我们所处的世纪则是眼看这些困难正在堆积成无与伦比的高峰"②。事实上，19世纪末，西方资本主义社会的国家已开始由"守夜人国家"向"行政国家"转变，国家的行政部

---

① 《马克思恩格斯选集》第3卷，人民出版社1995年版，第523页。
② ［美］伍德罗·威尔逊：《行政学研究》（中译本），《国外政治学》，1987年第6期。

门迅速膨胀，行政权力迅速集中，公共行政活动的范围迅速扩大，政府对社会的直接管理活动迅速增加，对社会事务的介入越来越深。① 1929—1933 年，西方世界发生了资本主义生产方式形成以来最严重的经济危机，"大萧条"促使美国总统罗斯福着手推行政府全面干预经济的"新政"。"二战"结束后，各主要资本主义国家在美国政府的示范下，"行政国家"模式得到显著强化。

20 世纪 70 年代，西方社会出现了"滞胀"局面，经济增长减缓，失业率、财政赤字、通货膨胀率增高，国家的经济管理与社会服务面临新的问题，但这种问题解决的关键是改进而不是否定国家的经济管理与社会服务职能。萨缪尔森断言："那些希望政府缩减为警察加一些灯塔的人只能生活在上一个世纪（19 世纪——引者注），一个有效率并且人道的社会要求混合经济的两个方面——市场和政府同时存在。现代经济的运作，如果没有市场或政府就都会孤掌难鸣。"② 斯蒂格利茨以美国人的日常生活为例，对政府的作为进行了简明而生动的描述："美国人从他们诞生到去世，政府都与他们的生活密切相关，出生由政府机构登记以确立公民身份，公民身份确立之后就有了各种公民的权利（和义务）。大多数儿童长大后进入公立学校，在那里，他们能吃到国家补助的午餐。以后许多人继续进入公立大学；其他人则进入接受大量政府补贴的私立大学，或者他们能获得政府补贴的贷款以支持其学费。他们口袋中的钞票是由政府发行的。美国人旅行依赖的交通体系是由国家建设和维护的，包括国家提供的道路和经营的航空港。空中旅

---

① 张康之等编著：《公共行政学》，经济科学出版社 2002 年版，第 6 页。
② ［美］萨缪尔森、诺德豪斯：《经济学》（第 16 版），萧琛等译，华夏出版社 1999 年版，第 31 页。

第三章　国家能力的构成

行全是由联邦机构监管的,洲际铁路乘客服务是由艾姆特拉克一家政府企业经营的。老年人越来越多地依赖政府。他们生活所依赖的大部分由政府通过社会保险来提供;他们的许多医疗费用通过被称为医疗保险的政府项目解决,甚至他们从私人公司所领取的养老金也受政府管制的影响,因为政府保证私有厂商实际上支付他们所允诺的款项。当美国人去世时,政府为他们发布死亡证明,政府法规监督遗产处理以及其后代对遗产的继承。"①

显然,在当代,国家的经济管理与社会服务活动已极为纷繁复杂。在这里,有必要对当代国家的经济管理与社会服务能力的主要方面予以梳理和阐述。

古典经济学的奠基人亚当·斯密(Adam Smith)1776年发表巨著《国民财富的性质和原因研究》,提出了"看不见的手"的原理②,

---

① [美]斯蒂格利茨:《经济学》(上册),姚开建等译,中国人民大学出版社1997年版,第140—141页。

② 亚当·斯密论述道:"人类几乎随时随地都需要同胞的协助,要想仅仅依赖他人的恩惠,那是一定不行的。他如果能够刺激他们的利己心,使有利于他,他要达到的目的就容易多了……我们每天所需要的食物和饮料,不是出于屠户、酿酒家或烙面师的恩惠,而是出于他们自利的打算。我们不说唤起他们利他心的话,而说唤起他们利己心的话,我们不说自己有需要,而说对他们有利。"[英]亚当·斯密:《国民财富的性质和原因研究》(上卷),郭大力、王亚南译,商务印书馆1974年版,第13—14页。"把资本用来支持产业的人,既以牟取利润为唯一目的,他自然总会努力使用他其资本所支持的产业的生产物能具有最大价值……使其生产物的价值能达到最高程度,他就必然竭力使社会的年收入尽量增大起来。确实,他通常既不打算促进公共的利益,也不知道他自己是在什么程度上促进那种利益……他受着一只看不见的手的指导,去尽力达到一个并非他本意想要达到的目的,也并不因为事非出于本意,就对社会有害。他追求自己的利益,往往使他能比在真正出于本意的情况下更有效地促进社会的利益……关于可以把资本用在什么种类的国内产业上面,其生产物能有最大价值这一问题,每一个人处在他当时的地位,显然能判断得比政治家或立法家好得多,如果政治家企图指导私人应如何运用他们的资本,那不仅是自寻烦恼地注意最不需注意的问题,而且是僭取一种不能放心地委托给任何个人,也不能放心地委托于任何委员会或参议院的权力。把这种权力交给一个大言不惭地、荒唐地认为有资格行使的人,是再危险也没有了。"[英]亚当·斯密:《国民财富的性质和原因研究》(下卷),郭大力、王亚南译,商务印书馆1974年版,第27—28页。

认为市场对于配置社会资源、促进经济增长、促进社会利益具有基础性的不可替代的作用,倡导经济自由主义和政府不干涉经济事务的自由放任原则。不可否认,斯密的学说至今仍给经济理论研究和经济实践以重要的启迪和教益,但市场是不完备的,客观上存在"失灵"和"缺陷"。"在现实世界中,还没有一种经济能够完全依照'看不见的手'的原则而顺利运行,相反,每个市场经济都会遭受其不完备性之苦。"① 市场经济的不完备性之苦主要有:社会总供给与总需求的周期性失衡,贫富两极分化,不完全竞争、负外部性等。"让市场机制成为操纵人类命运和人类自然环境的唯一因素……将会导致社会的毁灭。"② "市场失灵和对公平的关注提供了政府干预的经济学基础。"③

美国学者安德森(Anderson)将当代政府在市场经济条件下的经济管理与社会服务的一般角色概括为七个方面:(1)为经济体系的基本运转提供必需的制度、规则和安排;(2)提供各种公共商品和服务;(3)协调与解决团体冲突;(4)维护竞争;(5)保护自然资源;(6)为个人提供获得商品和服务的最低条件;(7)保持经济稳定④。国内著名经济学家吴敬琏认为,"现代市场经济体制的运转需要政府低成本地履行以下几方面的职

---

① [美]萨缪尔森、诺德豪斯:《经济学》(第16版),萧琛等译,华夏出版社1999年版,第27页。

② Karl Polanyi, *The Great Transformation: The Political and Economic Origins of Our Time*, Boston: Beacon Press, 1957, p. 73.

③ 世界银行:《1997年世界发展报告:变革世界中的政府》,中国财政经济出版社1997年版,第26页。

④ [澳]欧文·H. 休斯:《公共管理导论》,彭和平译,中国人民大学出版社2001年版。

第三章 国家能力的构成

责：(1) 提供法治环境；(2) 通过总量手段保持宏观经济的稳定；(3) 为低收入群体提供基本的社会保障和维护社会公平；(4) 在市场失灵的条件下酌情使用经济和行政手段加以弥补。"[1]

那么，在当代，国家的经济管理与社会服务能力究竟包括哪些主要方面的能力呢？在回答这一问题之前，我们需要充分注意：第一，市场经济的优长和缺陷是同市场本身的积极作用与市场失灵相对应的。市场的积极作用与市场失灵是市场这枚"硬币"的正反两面。市场作为"买者和卖者相互作用并共同决定商品或劳务的价格和交易数量的机制"[2]，在现代经济生活中，对于社会资源的配置，对于经济发展的推动，还没有什么机制具有如此神奇的功效，同时，市场的存在和发挥作用也使社会长期面临贫富两极分化和周期性经济不稳定的严峻压力。试图根除市场失灵与市场经济缺陷而存留市场的积极作用与市场经济的优长是不现实的，这无异于根除市场与市场经济本身。第二，国家经济管理与社会服务的范围是有限的。国家的经济管理旨在阶段性地校正市场的失灵，弥补市场经济的缺陷，使市场的积极作用与市场经济的优长得以更有效地发挥、体现出来。如果国家的经济管理过度，不但不会有助于减少市场经济的负面效应，而且将极大损害市场经济的正面效应。国家施行这样的经济管理，不仅会造成社会资源的浪费，更主要的，是将人为地导致社会产出的萎缩。在当代，对于市场经济而言，无限制的政府干预与自由放任一样，其后果都是灾难性的。"政府行

---

[1] 吴敬琏：《中国增长模式抉择》，上海远东出版社2006年版，第180页。
[2] [美] 萨缪尔森、诺德豪斯：《经济学》（第16版），萧琛等译，华夏出版社1999年版，第21页。

· 51 ·

为并不是消除自由市场经济缺陷的万能良药，政府的干预有可能不仅不会纠正市场的失灵，相反，还很可能会导致新的政府失败。因此，政府在采取干预行动之前必须慎重考虑，要充分权衡政府的行为成本和行为收益。"①"二战"后，西方国家的社会福利供给一路高歌猛进，但到了"20世纪80年代，大西洋两岸的'福利共识'同时弱化"②。"福利制度现在所面临的基本情形是永久性紧缩。全球经济的变化、经济增长的急剧减缓、政府承诺的到期以及人口老龄化问题，都导致了相当大的财政压力。我们没有理由期望这些压力在未来的几十年里会消失，相反，这些压力会愈加强烈。"③

吸纳既有的关于国家的经济管理与社会服务职能研究的成果，综合考虑市场经济正常运转对于政府干预的客观要求、社会基本公正的需要、国家管理经济与服务社会的资源耗费及由此带来的社会产出的增加等因素，笔者认为，国家在当代的经济管理与社会服务能力主要包括四项子能力：

1. 维护公平的市场竞争的能力

市场之所以对于配置社会资源，促进经济增长具有基础性的作用，在于市场具有这样一种机制："在市场中，价格协调着生产者和消费者的决策。较高的价格趋于抑制消费者购买，同时刺激

---

① David N. Hyman, *The Economics of Governmental Activity*, Holt, Rinehart and winston, Inc., 1973, p. 20.
② [英]尼古拉斯·巴尔：《福利国家经济学》，郑秉文等译，中国劳动社会保障出版社2003年版，第44页。
③ [英]保罗·皮尔逊：《新福利制度的政治学》，汪淳波、苗正田译，商务印书馆2004年版，第595—596页。

生产；较低的价格鼓励消费，同时抑制生产。价格在市场机制中起着平衡的作用。"① 正是由于市场存在上述机制，市场经济才成为"一部复杂而精良的机器，它通过价格和市场体系对个人和企业的各种经济活动进行协调……将成千上万的各不相同的个人的知识和活动汇集在一起……它解决了一个连当代最快的超级计算机也无能为力的涉及亿万个未知变量或相关关系的生产和分配等问题"②。市场的这种机制就是市场主体之间围绕商品交换而公平竞争所产生的价格协调机制。

价格协调是指：（1）调节社会资源（资本和劳动力）的合理流动。例如，某种商品生产过剩，价格下跌的信号便引导生产者减少生产，或将资源用于其他尚未过剩的商品的生产，或将资源用于生产新商品。（2）刺激技术进步。例如，某商品的市场价格为100元，甲企业率先取得技术突破，生产成本下降20元。该企业将商品价格下调10元，既可提高其商品的市场占有率又可提高售出商品的毛利率，而其他生产同种商品的企业则因此面临销量减少，利润下降乃至亏损、破产的压力，为了自己的利益，其他企业便不得不努力提高技术水平。

显然，市场机制的核心要素是公平竞争。只有市场主体之间围绕商品交换展开公平竞争，所形成的商品的市场价格才具有调节社会资源合理流动、促进技术进步的公信力，只有市场主体之间围绕商品交换继续展开公平竞争，具有公信力的价格才能发挥其合理配置资源、促进技术进步的基础性作用，否则，市场机制

---

① ［美］萨缪尔森、诺德豪斯：《经济学》（第16版），萧琛等译，华夏出版社1999年版，第22页。

② 同上，第21页。

即使不是破碎的,也是畸变的,市场就会失灵,市场经济所体现出来的便更多的是缺陷而不是优长。造成市场主体间不公平竞争的主要原因有:第一,垄断竞争、寡头垄断、垄断导致的市场不完全竞争。垄断竞争是既有垄断又有竞争,各厂商对自己的产品价格有一定的控制力量,但因厂商数目较多,彼此难以合谋控制市场价格。寡头垄断是少数几家厂商提供某一行业的大部分产品,这几家厂商的产量在该行业的总产量中各占有较大的份额,因而对市场的价格和产量都有举足轻重的影响。在寡头垄断情形下,价格并非由市场供求关系决定,而是由少数寡头垄断者通过协议或默契操纵的。而垄断是一个厂商完全或近乎完全地控制某一行业,单方面确定价格。第二,寻租活动。由于政府享有征税、设定关税、提供津贴以及在私人市场上以其他方式进行干预的权力,政府可以极大地影响企业的盈利能力①。厂商投入资源从政府或官员那里可以得到特殊的好处,即将资源用于从公权力中寻求租金可能比用于从事经营活动获得更多的利润。厂商的寻租活动通常包括:谋求减税,关税保护,政府补贴,特殊经营权,政府定货等特殊优惠。不言而喻,寻租活动削弱了厂商通过更有效地配置生产性资源,提高技术水平实现利润增长的动力,从政府得到特殊优惠的厂家,可能比那些更有效地配置资源,提高技术水平而没有得到政府特别优惠的厂家更多盈利。它们之间的竞争必然是不公平的竞争,这种不公平的竞争便迫使那些没有得到政府特别优惠的厂家也加入到寻租活动中去。如果政府对经济实行过细、过密的管制,市场经济就会成为权力的奴仆,各个厂商将把主要

---

① [美]斯蒂格利茨:《经济学》,姚开建等译,中国人民大学出版社1997年版,第508页。

的竞争法宝押在形形色色的寻租活动上，而不是着力推动企业的管理与技术的创新活动，公平竞争也就荡然无存，市场机制最终被权力的杠杆所取代。

上述分析似乎表明：国家维护公平的市场竞争面临两个悖论：其一，市场竞争不可避免地导致优胜劣汰，优胜劣汰必然产生具有强大市场力量的厂商，这些厂商的垄断行为会造成市场不完全竞争而妨害市场主体间竞争的公平性，公平与竞争不可兼得；其二，国家的权力既是纠正不公平竞争的力量，又是厂商从事寻租活动而导致不公平竞争的重要原因。但从深层次看，悖论昭示的不是国家维护公平的市场竞争的困境，而是国家维护公平的市场竞争的真义——维护相对公平的市场竞争。国家维护相对公平的市场竞争是指：（1）打破行业中的垄断市场结构与"进入壁垒"，对于极少数因规模或公益原因而允许垄断经营的厂商（如自来水公司），约束其市场权力的边界，防止寡头勾结确定价格或瓜分市场；（2）尽可能消除政府本身对竞争的限制，废除不必要的经济管制，将厂商可以从政府获得的特殊优惠规范化、程序化，并公开结果；（3）矫正生产者（卖者）与消费者（买者）之间的信息的不对称，监督厂商真实地明示商品的生产者、生产日期、材质、性能等信息，禁止误导或虚假的广告；（4）纠正诸如污染之类的负外部性问题。从这个角度而言，国家维护公平的市场竞争的能力实质上是维护相对公平的市场竞争的能力。

2. 保持宏观经济稳定的能力

竞争性的市场经济在微观上是有效率的。"在竞争性的市场经济中，个人作出的决策反映他们自己的愿望；厂商的决策则以追求最大限度的利润为目的。为此，厂商必须生产消费者需要的产品,并且(设法)以低于其他厂商的价格进行生产。在厂商追求利润的相互竞争中,消费者在产品的种类上和价格上都得到好处。市场经济上就是这样回答了……三个问题——生产什么,以什么方式生产,以及决策是怎样做出的,而且总的来说,这些回答能够保证经济的效率。市场经济也给……第四个问题提供了答案——产品为谁而生产。"① 各市场主体在微观上的有效率为市场经济在宏观上的有效率奠定了基础,但这种微观上的有效率并不必然导致宏观上的有效率。事实上,各市场主体的竞争从宏观上看是自发的、即时的,市场主体本身对于自觉地保持供需总量的平衡是无能为力的。"自资本主义产生以来,它就不时地受到通货膨胀(价格上升)和萧条(高失业率)的周期性困扰。"② 虽然,市场机制能够以经济危机的极端方式将失衡的社会总供求关系恢复到平衡状态,但这是以资源的严重浪费和社会的巨大痛苦乃至动荡为代价的,而且,恢复平衡的社会总体供求关系又将随着时间的推移重新失衡,再次出现经济危机。

为弥补市场经济的内在缺陷,就需要国家对社会总供给与总需求进行适当的调控。国家的基本调控工具有两种:财政政策工具与货币政策工具,财政政策工具主要包括税收、国家预算、国债、财政补贴;货币政策工具主要包括利率、法定准备金、再贴现率、公开市场业务。此外,国家的宏观调控工具还包括制定中长期社会经济发展规划与政策等。一般而言,当社

---

① [美]斯蒂格利茨:《经济学》,姚开建等译,中国人民大学出版社1997年版,第13页。
② [美]萨缪尔森、诺德豪斯:《经济学》(第16版),萧琛等译,华夏出版社1999年版,第30页。

会总需求明显超过可能的总供给，经济趋于过热，则需采取紧缩性财政与货币政策，反之则需采取扩张性财政与货币政策。但在实践中，国家如何综合运用这些政策工具是一项复杂的系统工程，不仅需要弄清上述政策工具的互动关系与综合运用它们所产生的合力，而且需要洞悉社会经济运行的真正态势及形成这种态势的原因，否则就会"看错病症下错药"，反而加剧社会的供求失衡。国家保持宏观经济稳定的能力，即是国家综合运用财政政策、货币政策、中长期社会发展规划及其他手段，保持社会总供给与总需求大致平衡的能力。需要指出的是，国家保护宏观经济的稳定是为了补充市场机制的不足，而不是抑制乃至取代市场机制的功能。

3. 收入再分配与社会保障能力

完全自由的市场经济具有贫富两极分化的自然特性。"市场经济中的收入以工资、利润、租金和利息等形式分配给生产要素的所有者"，① "一个人的市场收入即为他出售的生产要素的数量乘以每种要素的收益。"② 生产要素包括土地、资本、劳动者。首先，在市场竞争中，土地、资本多的人将比土地、资本少的人获得更多的收入。而且，大土地、大资本所有者可能更有机会在市场竞争中取得优势地位；而小土地、小资本所有者更可能在市场竞争中落败乃至破产。财产的可继承性则使这种优势随着时间的推移而持续强化，从而导致富者愈富。其二，出卖劳动力者，素质高的将比素质低的获得更高的收入。劳动者的素质虽不像财产

---

① ［美］萨缪尔森、诺德豪斯：《经济学》（第16版），萧琛等译，华夏出版社1999年版，第171页。

② 同上，第173页。

可以由下一代继承，但受遗传因素影响，更根本的是，出生于家庭条件较好的孩子比出生于家庭条件较差的孩子有更多机会得到更好的教育和培养，从而导致贫者愈贫。尽管上述两种情形都不乏特例，但作为一般趋势，由市场调节形成的社会成员之间的收入分配，在客观上是呈现日益严重的两极分化的。富人与穷人之间不断扩大的财富差距，将使社会失去最起码的公正，激发穷人对富人的仇视，加深社会的矛盾与冲突。

另一方面，与市场竞争不可避免地导致一些厂商倒闭、亏损相对应，在社会总的在岗人员中，总有人因公司倒闭或亏损裁员而离岗失业。也就是说，在动态上，社会上总有一定比例的劳动者处于失业状态。在宏观经济不景气时，失业人员更将大量涌现。失业者及其家庭往往很难仅依靠往日的积蓄度日，一个平常收支顺畅的家庭，可能由于主要成员失业，使子女上学、老人赡养、看病就医等都不约而同陷入困境。与市场经济如影随形的失业问题，无疑是导致社会不稳定的长期因素。

鉴于此，国家作为社会秩序的维护者，也就有必要介入社会成员的收入再分配，将一部分社会资源集中起来调配使用，转化为普遍性的社会福利，为国民提供最基本的社会保障，编织起一张有韧性的社会安全网，从而增进社会公正，减轻市场经济周期性发展带来的社会震荡，防范社会风险。毕竟，一个相对和谐的社会可能使人人受益，而一个动荡不安的社会几乎无例外地使人人受损。

国家介入社会成员的收入再分配与提供社会保障包括两个主要环节：第一，采用累进税制对社会成员按收入高低征收相应的税款，收入愈高者负担愈多的税金；第二，国家将其从社会抽取的资金转化为贫困救助、失业保险、养老保险、医疗保健、教育、住房等福利产品，建立社会保障体系。国家介入社会成员收入的再分配与提供社会保障需要权衡的是：（1）向高收入者按累进税率征收税金，对于他（她）们的投资、工作热情、创造性的影响；（2）向低收入者及无收入者提供社会福利，对于他（她）们寻找工作、从事职业、提高自身素质的积极性的影响；（3）前述两个方面共同对社会总产出的影响。如果国家介入社会再分配与提供社会保障导致了社会总产出的下降，无论社会平等达到何种程度，无论社会保障多么健全（实际上是不可能健全的），国家的收入再分配与社会保障行动都是失败的。因为这使社会成员的总体状况变糟了，长期来看，低收入者也并不能从这种分配中真正受益，社会将趋于普遍贫困化。国家的收入再分配与社会保障能力并不简单地体现在再分配与保障的力度上，而是体现在再分配与社会保障对于社会公正与效率的联动关系上，公正不能以牺牲效率为代价，社会的公正度需随着效率的提高而增进。

4. 社会资源再配置与促进经济增长的能力

在讨论国家的收入再分配与社会保障能力时，已涉及资源再配置与促进经济增长的问题。收入再分配实际上是一种资源再配置，社会保障适度则可以促进经济增长，反之则会阻碍经济增长，但国家对于资源的再配置要比收入再分配广泛得多，国家促进经济增长的举措更是不止于适度的社会保障。因此，在这里需要对国家的资源再配置与促进经济增长的能力专门讨论。亚当·斯密曾言，国家建立并维持某些公共工程，"对于一个大社会当然是有很大利益的，但就其性质来说，设由个人或少数人办理，那所得利润决不能偿其所费"①。更一般地讲，凡公共物品，都不可能指望单靠市场机制发挥作用来供给，只有经由国家对资源进行再配置，才能使某些社会必需的公共物品免于匮乏。一般而言，公共物品分为纯公共物品和准公共物品。纯公共物品如国防；准公共物品又可分为：自然垄断产品与优效产品。自然垄断的公共物品与规模经济相联系，如下水道系统、供水系统、铁路运输系统、公路交通系统、天然气煤气系统、电力输送系统、电话电讯系统、道路照明与桥梁涵洞设施等；优效公共物品即不论人们的收入水平如何都应该消费或得到的产品，如前面提到社会福利产品。除此之外，国家对社会资源的再配置还包括：（1）通过政策倾斜、资金补助、技术转移，鼓励、支持基础产业、支柱产业、高新技术产业的发展，推进产业结构优化与升级，使有限的社会资源得到更高效的利用；（2）运用法律的、行政的、经济的手段，关闭、改造高污染、高耗能企业，防止对自然资源尤其是不可再生资源的掠夺性开采，避免经济活动对环境造成明显的破坏及在新的替代能源未开发出来之前对既有自然资源的过度消耗。

与国家再配置社会资源密切相连的，是国家促进经济增长的能力。经济增长是指"一国潜在的GDP或国民产出的增加"②，其重要性是不言自明的。"生产率不等于一切，但在长期内，它几乎意味着一切，一个国家提高生活水平的能力几乎完全取决于该国

---

① ［英］亚当·斯密：《国民财富的性质和原因研究》（下卷），郭大力、王亚南译，商务印书馆1974年版，第284页。

② ［美］萨缪尔森、诺德豪斯：《经济学》（第16版），萧琛等译，华夏出版社1999年版，第418页。

第三章 国家能力的构成

提高人均产出的能力。"① 经济的"缓慢增长能够在几代人之间把一个国家由相对富有推向相对贫穷"②。无疑,经济增长是人们共同的热望,但是,经济增长的原因却错综复杂。萨缪尔森曾概括性地指出:"经济增长的发动机必定装在相同的四个轮子上,无论是穷国还是富国。这四个轮子,或者说增长的要素就是:人力资源(劳动力的供给、教育、纪律、激励)、自然资源(土地、矿产、燃料、环境质量)、资本(机器、工厂、道路)、技术(科学、工程、管理、企业家才能)。"③ 显然,萨缪尔森的论断是建立在这样一个大前提之上的,即国家界定与实施有效产权及市场主体按照市场逻辑从事经营活动。在明确这个大前提的基础上,我们可将萨缪尔森的论述进一步概括为:经济增长是由市场力量与国家力量合力推动的。其中市场力量(主要是各个厂商)是经济增长的主体力量,它们是社会产出的主要创造者④;国家是经济增长的促进力量。国家除需履行前面提到的诸如通过资源再配置兴办教育(提高劳动者素质)、完善基础设施(提供便捷的交通与通讯条件)、保护环境(防止经济成果因环境恶化而抵消)的

---

① Paul Krugman, *The Age Of Diminished Expectations*,转引自萨缪尔森、诺德豪斯:《经济学》(第16版),萧琛等译,华夏出版社1999版,第533页。

② [美]斯蒂格利茨:《经济学》,姚开建等译,中国人民大学出版社1997年版,第292页。

③ [美]萨缪尔森、诺德豪斯:《经济学》(第16版),萧琛等译,华夏出版社1999年版,第419页。

④ 正如约翰·梅纳德·凯恩斯所言:"当企业顺利运作时,无论是否节俭,社会财富都会积聚起来,当企业停滞不前时,无论如何节俭,财富都会逐渐耗竭。"转引自萨缪尔森、诺德豪斯:《经济学》(第16版),萧琛等译,华夏出版社1999年版,第538页。

职能外,还需履行两种重要的职能:(1)通过鼓励、激发各厂商间和行业间的竞争,确保市场创新的活力;(2)通过政策支持与资金扶助科研院所、国家实验室、高等院校、厂商研发部门,以促使其持续、协同地提高基础科学研究、应用科学研究、工程与技术的水平,并尽快使已有的技术成果转化为相关产业的现实生产力。

国家促进经济增长,在相当大的程度上是通过运用从社会积聚的资源进行再配置来实现的。国家兴办教育、治理环境、发展交通、提高科技水平,一方面,是消耗源社会的资源的过程;另一方面,则是将资源转化到经济增长所需的各个要素中去,促进社会产出增加的过程。如果国家再配置社会资源所造成的资源耗费不能在社会产出中得到补偿,这种再配置资源就是无效的,也就是说,国家社会资源的再配置的效能,体现在由此带来的经济增长上。如果国家对社会资源的再配置不能促进经济增长甚至导致负增长,国家对再配置社会资源的范围、方式、手段等就必须调整。但不能由此对国家再配置资源这一职能进行否定,市场经济由于本身不可避免的内在缺陷,没有国家的资源再配置,其本身是不可能实现持续、稳定的经济增长的。国家再配置社会资源促进的经济增长(收益)必须大于再配置资源对社会资源的消耗(成本),是国家再配置社会资源的基本要求,收益愈大于成本,则效能愈高,这正是国家再配置资源与促进经济增长的能力的实质所在。

3.2 应对他国竞争与挑战的能力

国家间竞争与挑战的内容,在不同的时代存在明显的差异。

第三章 国家能力的构成

在国家文明的早期,受低下的生产力发展水平的限制,地理的阻隔使得一定区域内的国家与其他区域内的国家无法产生实质性影响,从而使国家间的关系呈现以下特点:国家所面对的世界远不是全球性的;同一国家统辖下的社会成员的相互交往几乎是空白的;基于国家的认同相当淡薄,国家一旦被他国武力击溃即等于被征服;武器的粗陋、交通的不便及信息的不畅,使国家很难抵御他国有准备的入侵,主动攻击便成为最好的防御;工商业的不发达,生产力进步的缓慢,使得兼并他国的领土和人口成为增加国家力量的主要途径。这些因素共同决定了远古时期的国家间的竞争与挑战聚焦于领土征服战争,战场上的胜负直接关系着国家的存亡。据国外学者研究,在公元前1000年左右,世界上大约有60多万个政治单位。① 显然,绝大多数国家,都在武力决斗中灭绝了。那些在领土征服战争中接连获胜的国家,便逐渐成为一定区域内的大国。这些区域性大国虽试图进一步扩张,但地理上难以逾越的障碍、统辖太过辽阔疆土的力不从心,终将使它们停顿下来,着眼于疆域内社会的统治与管理。其中,一些大国未能成功保持扩张的成果而在内外震荡中土崩瓦解,一些大国巩固了对庞大社会的统治与管理而在内外震荡中延续下来。这些延续下来的大国的民众随着历史的演进,共同的经济、政治与文化生活得到强化,认同加深,生产力的发展亦使大国突破地理限制的能力逐步增强,即使如此,大国仍易被击溃。例如,在13世纪,人口不过百万的蒙古人单凭十余万人的军队横扫欧亚大陆,但蒙古人迅速建立起的历史上最大的帝国,其崩溃也同其建

---

① [美]亚历山大·温特:《国际政治的社会理论》,秦亚青译,上海人民出版社2000年版,第408页。

立一样迅速。

总的来讲,在前工业时代的数千年中,国家间的相互竞争与挑战,主要是围绕领土征服与反领土征服而展开的。

随着近代西方工业国家的兴起,机器大工业创造的便捷交通工具决定性地打破了地理的阻隔,"首次开创了世界历史"[①],西欧国家间的竞争与挑战演化为世界范围内国家间的竞争与挑战。经过两次世界大战和亚、非、拉美落后地区的人民长期反抗西方列强殖民统治的斗争,最终形成了当今以民族国家为行为体的全球国际体系。不可否认,在当今国际体系中,武力依然是保卫国家主权独立与领土完整不可替代的最重要手段,但另一方面,世界市场的拓展与深化及科学技术的迅猛发展,既是国际竞争与挑战的产物,又反过来赋予国际竞争与挑战新的内涵,使国际竞争与挑战在更高层次、更复杂场景中展开。在当代,国家应对他国竞争与挑战的能力主要包括三个方面:(1)以武力为后盾维护主权与领土不受侵害的能力;(2)参与创建国际机制,在国际经济合作与纷争中确立对本国有利的行动框架与规则的能力;(3)促进技术变革与经济发展以谋求国家力量相对提升的能力。在此,侧重对置身于当代国际体系中的国家应对他国竞争与挑战的能力进行阐述。

3.2.1 维护主权与领土不受侵害的能力

中国古代伟大的军事家孙子在其不朽名著《孙子兵法》的开篇即告诫道:"兵者,国之大事,死生之地,存亡之道,不可不察

---

① 《马克思恩格斯选集》第 1 卷,人民出版社 1995 年版,第 114 页。

第三章 国家能力的构成

也。"武力既是国家手中最危险的国际政治之"矛",又是国家手中用以防止最大危险(灭亡)降临的国际政治之"盾"。为了自我保存,国家不得不将最优良的技术和一部分国民财富转化为军事力量,以维护本国的安全。国家间的战争既造成技术与财富的耗费,又为技术进步与财富增长提供动力。技术的进步与财富的增长,在扩大国家军事力量的破坏力的同时,也提高了国家军事力量的防御力。战争推动着国家文明的进程,国家文明的演进也改变着战争的含义。"近代战争火药费用的浩大,显然给能够负担此浩大费用的国家提供了一种利益,而使文明国家对野蛮国家立于优胜的地位。在古代,富裕文明国家很难防御贫穷野蛮国家的侵略;在近代,贫穷野蛮国家却很难防御富裕文明国家的宰制。火器的发明,乍看起来,似对文明的持久与继续有害。但实际上,乃对文明的持久与继续有利。"[①]

当技术与财富的增长实现更为巨大的历史性突破,国家的安全模式也就随之而发生革命性变化。"核武器及其他大规模杀伤性武器以及有效的远程投送系统的出现,已经极大地提高了威胁使用武力而同时在战斗中尽量限制实际的武力运用的相对重要性。由于这一发展,1945年起战略的研究十分强调武装力量本身,强调威胁的使用,强调如何防止大规模杀伤性武器,尤其是核武器的使用问题。以获取决定性的军事胜利为目标的作战方面的战略研究在核战争的阴影下逐渐衰弱,但决不被彻底放弃,它与许多军事关系仍有着密切的联系,这些军事关系并不受大规模杀伤性武器的破坏。然而,这种研究已发生了十

[①] [英]亚当·斯密:《国民财富的性质和原因的研究》(下卷),郭大力、王亚南译,商务印书馆1974年版,第271页。

分重要的变化,它更倾向于研究内战及某些国家为了表面上的人道主义目的使用或威胁使用武力以影响这些内战的行为。"①在当代,大国对于大国,大国对于弱小国家通常已不再以领土征服为实践取向。首先,大国由于拥有毁灭性的核武力,一个大国攻击另一个大国的本土,显然是侵害其最核心、最根本的安全和利益,由此引发核战争给攻击国带来的代价将远远高于其可能得到的收益。"核武器的绝对性把拥有核武器的世界与使用常规武器的世界完全区别开来。"② 其二,弱小国家虽在军事上易被击败,但大国要占领弱小国家的领土,如果不对弱小国家的国民实行大规模屠杀(这种屠杀在当代是无法想象的),就须对其国民实施统治与管理,而统治与管理这种激荡着民族主义、怀抱"复国"信念的"亡国之民"所需支付的成本是难以估量的。更为重要的是,在生产力快速发展的时代背景下,将资源用于征服弱小国家远不如将资源用于国内社会的建设或开展国际贸易(包括不平等贸易)更为有利。

需要说明的是:第一,大国拥有毁灭性的核武力,并不意味着从此就可对其主权与领土安全高枕无忧。的确,核武器的毁灭性为拥有核力量的大国之间设置了一道阻遏攻击对方领土的关键屏障,很大程度上将制止战争的方式由以往通过战争制止战争转变为以武力威慑制止战争。但拥有核武力的大国鉴于科技加速进步的客观大势,仍将大力研制更尖端的核武器系统(运载、预警、

---

① [英]巴里·布赞、埃里克·海凌:《世界政治中的军备动力》,薛利涛、孙晓春等译,吉林人民出版社2001年版,第3页。
② Kenneth N. Waltz, "Nuclear Myths and Political Realities", *American Political Science Review*, Vol. 84 (September1990), p. 732.

第三章 国家能力的构成

拦截等工具），以防因对方获得压倒性优势而受到对方的核讹诈。第二，大国不对弱小国家进行领土征服并不意味着大国不对弱小国家使用武力或以武力相威胁。例如，当弱小国家拥有大国发展需要的能源，而弱小国家又拒绝大国以商业方式获得这种能源，大国就可能对弱小国家动用武力，动武的目的不在于吞并该国领土，而在于以武力迫使该国与其维持商业（能源买卖）关系。在1974年石油危机中，时任美国国务卿基辛格就明确警告石油出口国，如果石油出口国要"卡"西方国家石油进口的"脖子"，美国可能会诉诸军事行动，以保护石油的正常供应。[1] 第三，弱小国家及受大国支持（配）的弱小国家之间仍将长期存在武装冲突现象。

另外，还需特别指出的是，拥有毁灭性核武力的大国之间不发生攻击对方本土的战争行动，并不是绝对的。一种可能的情形是：如果甲国内部存在分裂势力，乙国试图借此历史性地削弱甲国力量，公开武力支持甲国内部的分裂势力宣布独立，乙国的行为则相当于攻击甲国本土，而甲国为维护本国最核心的安全和最根本的利益——主权独立与领土完整，将几乎没有选择余地地与乙国发生武力冲突，如果事态进一步恶化，则可能导致彼此直接攻击对方本土的大规模战争，包括动用核武力；另一种可能的情形是，由于能源紧张，大国为争夺关系双方（目前）经济命脉的能源供应市场，彼此互不相让，矛盾不断积累而引发武力对抗，进而升级为大规模针对彼此本土的战争。尽管大国间实际发生针对彼此本土的战争几率是相当小的，但国际政治环境是险恶而多

---

[1] See Seyom Brown, *The Faces of Power: Constancy and Change in United States Foreign Policy From Truman To Reagon*, Now York: Conlumbia University Press, 1983, p. 428.

变的，任何掉以轻心都可能铸成难以挽回的大错，甚至使国家遭遇灭顶之灾。

至于具体某一国家要拥有多大的武力才能维护主权与领土不受侵害，并不存在简单的答案，只能笼统地说，这要看国家所面临的外来危险的性质与强度。在当今世界，对于弱小国家而言，除拥有特定的自然资源者外，威胁其主权独立与领土完整的主要是它们的邻国，而不是国际体系中的大国（强国）。"弱国的实力与强国相差悬殊，弱国反而可以享有更大的行动自由，因为后者无需对前者的行为以及边际能力增长过多担心。"① 如果弱小国家地缘环境较好，针对其主权与领土的外来威胁几乎是不存在的，它们即使没有什么像样的军事力量，主权与领土也可能是安全的。然而，国际政治主要是大国的政治，弱小国家的安全处境与大国的安全处境是明显不一样的。"无论是实践者还是理论家，始终都将其同一时期的主要大国同其他国家区别对待。"② 国家间"竞争的态势和激烈程度取决于彼此分离但又相互作用的单元（国家——引者注）的欲望和能力"③。大国对于主权与领土安全的评估，需综合衡量国际体系中所有其他大国的武力与意向。一个国家之所以是大国，最直接的条件在于它拥有可以对付任何向其发动攻击的强国的军事力量，这也是大国继续作为大国而存在的最直接的条件。一个国家，不管统辖的疆域和人口多么庞大，没有或失去了强大的军事力量，就不过是一个放大了的弱小国家，但

---

① ［美］肯尼思·华尔兹：《国际政治理论》，信强译，上海人民出版社2003年版，第149页。
② 同上，第193页。
③ 同上，第150页。

由于这种放大了的弱小国家有着成为真正大国的潜质,因而在既存大国的眼中常被作为候选大国对待,它的安全处境与一般意义上的弱小国家并不一样。这种放大了的弱小国家面临着被国际体系中的大国肢解的现实危险,即制造事端或利用候选大国内部的民族问题及某些历史遗留问题使其解体为两个以上的国家。

就大国而言,其维护主权与领土不受侵害的能力包括两个基本要点:(1)将可用于国防的财政资源、技术资源、人力资源有针对性地转化为军事力量,即针对其他大国武力的新发展而研制新的"杀手锏",在动态中维系彼此间有效的武力威慑,也就是延续这样一种态势:如果你以武力攻击我,我也许不能立即阻断你的攻击,但我有毁灭你的力量,所以你不敢对我发动攻击,而我也一样。换言之,大国彼此拥有的毁灭性攻击武力将各方的武力由超强的进攻工具转变为超强的防御工具。(2)加强大国间的政治交流与沟通,建立可靠的紧急对话的管道,预防、控制由非理性决策、技术故障、信息传输失真等因素导致的战争危险。尽管大国间的毁灭性武力制约着彼此勿将对方逼入绝境,也制约着大国未陷入绝境前不可擅自动用武力解决彼此的争端,但未雨绸缪总是绝对必要的,毕竟生存是一个国家的首要问题。

3.2.2 参与创建国际机制的能力

在无政府的国际体系中,一国的经济主体与另一国的经济主体的经贸往来是以各自所在国家的相互作用而形成的政治关系为基础的。"所有市场都在政治框架内运行"。[①] 市场经济发展所需

---

① [美]罗伯特·基欧汉、约瑟夫·奈:《权力与相互依赖》(第三版),门洪华译,北京大学出版社2002年版,中文版序言。

要的市场，本质上是世界大市场。一方面，"以资本为基础的生产，其条件是创造一个不断扩大的流通范围"，① "如果某个国家闭关自守，那么，它的剩余产品就只能以这一剩余产品的既有的实物形式消费掉，在这个国家中，剩余产品可以交换的范围就会受到不同生产部门的数量的限制。这种限制通过对外贸易才能消除"②；另一方面，世界市场是被众多"分而治之"的国家分割为地区性市场的，一国要使本国经济主体将商品销往他国市场，只能或者以武力打开他国国门，或者通过谈判、协商以经济合作方式相互开放市场。对于前者，随着世界殖民体系的崩溃，以武力打开他国国门、开拓市场的办法已被历史性地宣告行不通了。对于后者，由于各国力量与经济发展水平的差异，真正平等的谈判、协商是不现实的，以合作方式相互开放市场产生的收益对合作双方而言是不同的，但世界市场的维持与深化，使实行市场经济的各国又在客观有着一种基础性的共同利益。各国力量与经济发展水平的差异同世界市场的构建所蕴涵的共同利益，使得国际体系中最强大的国家既有意愿也有可能与其他主要国家一道，通过创设国际机制确立起和平贸易的政治框架与规则。

国际机制是"一系列围绕行为体预期所汇聚到既定国际关系领域而形成的隐含的或明示的原则、规范、规则和决策程序"③。"国际体系的结构（国家之间的权力资源分配）对国际机制的性质有着深刻的影响，反过来，国际机制影响着并在一定程度上支

---

① 《马克思恩格斯全集》第 46 卷上，人民出版社 1979 年版，第 390 页。
② 《马克思恩格斯全集》第 48 卷，人民出版社 1985 年版，第 147 页。
③ Stephen D. Krasner, ed., *International Regimes*, Ithaca: Cornell University Press, 1983, p. 2.

第三章　国家能力的构成

配着体系内发生的政治谈判和日常决策。"① 国际机制通常是由国际体系中追求自身利益的最强大的国家作为主要参与者领导创建的，体现的是最强大者的意志和偏好。当然，国际机制形成的基础，在于共同的或互补的利益的存在，国际机制存在的价值在于提供信息，减少不确定性，推进经济上相互依赖的理性的利己主义的国家之间的谈判，在冲突的利益与互补的利益的混合博弈中达成相互有益的协议。也就是说，国际机制的建立常常是为了维持不平等的现状，加强国家间的协调以及克服其他妨碍实现相互受益的合作的现象。② 一方面，国际体系中最强大的国家作为主要参与者领导创建国际机制，确立的无疑是对己有利的国际行动框架与规则，"强国总是寻求建立一种有利于其利益和意识形态的国际政治经济的秩序"③。就当代实际情形而言，"国际机制是按照霸权国能在其中发挥关键作用的行为标准来构建的。"④ 霸主建立自由世界经济主要是为了促进自身的利益，特别是政治和安全的利益。⑤ 国际机制充当着最强者维护其强势地位的重要工具，最强者以其强大的实力保障着国际机制持续地发挥作用，二者相互支持。另一方面，国际机制并非最强大国家通过武力胁迫其他国家

---

① ［美］罗伯特·基欧汉、约瑟夫·奈：《权力与相互依赖》（第三版），门洪华译，北京大学出版社2002年版，第22页。
② Andrew Schotter, *The Economic Theory of Social Institutions*, New York: Cambridge University Press, 1981, p. 26.
③ ［美］罗伯特·基欧汉：《霸权之后》，苏长和等译，上海人民出版社2006年版，第136页。
④ 同上，第137页。
⑤ ［美］罗伯特·吉尔平：《全球政治经济学》，杨宇光、杨炯译，上海人民出版社2003年版，第105页。

而订立的"城下之盟",最强大国家亦无法依靠直接使用武力来实现国际机制指涉的经济目标。"管理自由国际经济的机制不可能只代表占支配地位的大国的利益,而一点也不考虑别国的利益。自由的国际机制必须至少在某种程度上满足所有经济大国的利益,如果做不到,这种机制要么无法运作,要么不能长久存在下去……尽管自由国际经济秩序确实反映了占支配地位的大国的利益,可是这个大国不可能把自由经济秩序强加给其他国家,归根到底,这种机制要靠国际合作才行得通。"① 而且,最强大国家领导创建的国际机制确立的行动框架与规则并不等同于行动本身,作为创造国际机制的次要参与者的国家,如果其行动更为有效,国际机制可能反而变得对当初领导创建国际机制的最强大国家不利。例如,"二战"后,美国领导创建了固定汇率制,随着西欧、日本经济的复苏及发展,固定汇率制逐渐成为对美国经济发展的负面影响因素,1971年8月,尼克松政府单方面决定终止了维持布雷顿森林体系金融制度确立的美元与黄金挂钩制。另外,国家机制中的国家同意某项机制所作出的安排,可能使机制外面的国家利益因为这个机制的建立而受损。"实际上一些机制(例如联盟和卡特尔类型的机制)是专门用来向非成员强制施加成本的……虽然国际机制也许对其创立者来说是有价值的,但是这些机制并不必然就会提高这个世界的福利,就事实而言,机制本身并不就是'善'的东西。"②

---

① [美]罗伯特·吉尔平:《全球政治经济学》,杨宇光、杨炯译,上海人民出版社2003年版,第95页。
② [美]罗伯特·基欧汉:《霸权之后》,苏长和等译,上海人民出版社2006年版,第73页。

总之，国际机制是国家在日益相互依赖的无政府国际体系中追求自身利益的重要手段，"国际机制的创设是权力配置的状况、共同的利益以及盛行的期望和实践等因素综合作用的结果"①。国际机制主要反映着国际体系中强势国家的利益，反过来，国际机制又为强势国家增进其利益提供有利的国际行动框架与规则。虽然有利于强势国家的国际机制并不必然给其带来所期望的利益，但对于国际机制明显对其不利的国家和被排除在国际机制之外的国家而言，国际机制将使它们在国际经济竞争中承担更多的成本，付出更大的代价。

3.2.3 国家力量提升能力

一般而言，国家力量包括硬力量与软力量两个方面。硬力量即国家的军事力量与经济力量，软力量是国家的文化、政治观念和政策的吸引力②。显然，硬力量是国家力量的主体部分，对于国际体系中主要国家而言，硬力量的衰落就意味着它将被挤出主要国家的行列，国际体系中国家间的竞争与挑战是围绕各自硬力量而展开的，国家的软力量起着辅助作用，有助于提高国家运用硬力量的效能。从长远看，国家的软力量是以其硬力量为依托的，或者说，软力量是硬力量的某种延伸。一个国家不管曾经拥有多大的软力量，一旦失去强大的军事、经济力量，昔日的软力量也就烟消云散了。而且还有这样一种情形：一个生活在甲国的人如果同时见证了乙国军事、经济力量强大时的显赫和这个国家的突

---

① [美] 罗伯特·基欧汉：《霸权之后》，苏长和等译，上海人民出版社2006年版，第13页。
② 参见约瑟夫·奈：《硬权力与软权力》，门洪华译，北京大学出版社2005年版。

然崩溃，他对这个国家存续期间的软力量的评判，可能会前后大不相同。亨廷顿在 1968 年出版的《变动社会的政治秩序》的正文首页写道："国家之间的政治上最重要的区别不在于政府的形式，而在于政府的水平。有些国家政治上体现了一致性、共同性、合法性、组织、效率和稳定，而有些国家缺乏这些特性……一般讲，共产主义的极权国家和西方自由主义的国家都属于高效率而非虚弱无能的政治体系范畴。美国、英国和苏联的政府形式尽管不同……这三个国家都拥有强大、灵活和配合密切的政治体制：高效率的官僚机构、组织完善的政党、民众对公共事务的普遍参与、文官控制军人的行之有效的制度、政府在经济领域内的广泛干预，以及在处理继承更替和控制政治冲突方面颇具成效的程序。这三个政府都拥有各自公民的效忠，从而能够征税、征兵，并能进行革新和实施政策。政治局、内阁或总统一旦作出一项决定，当即通过政府机构付诸实施的可能性很大。"① 苏联崩溃后，亨廷顿 1997 年在美国《民主杂志》撰文说："25 年以前，威权政府（共产党的政治局、军人政变集权，个人独裁政权）似乎蔚然成风，今天，千百万以前曾在独裁统治下受苦受难的人生活在自由之中。"② 不言而喻，亨廷顿对于苏联软力量的前后看法是相反的，假如苏联没有崩溃，仍然拥有强大的军事、经济力量，亨廷顿是否还会一改 20 世纪 60 年代末对苏联的积极评价而称苏联人处于共产党专制独裁下受苦受难呢？本书无意否认软力量的价值，但

---

① ［美］塞缪尔·P.亨廷顿：《变动社会的政治秩序》，张岱云等译，上海译文出版社 1989 年版，第 1—2 页。
② ［美］塞缪尔·P.亨廷顿《第三波——20 世纪后期民主浪潮》，刘军宁译，上海三联书店 1998 年版，序。

第三章 国家能力的构成

对于国家在应对他国竞争与挑战中提升自身力量的能力的讨论中，只是重点讨论国家提升军事力量与经济力量的能力。实际上，如果一个国家的文化、政治观念、政策没有相对于他国的优越性，是不可能在国际竞争与挑战中持久地拥有强大的军事力量与经济力量的。一个穷兵黩武的国家固然没有多少软力量可言，况且历史上也从来没有哪个穷兵黩武的国家能持久地强大。换言之，一个国家持久地拥有强大的军事、经济力量，就以事实证明了其文化、政治观念、政策的优长。

前面关于国家维护主权与领土不受侵害的能力的阐述，已涉及军事力量问题，即国家须将人力、财富、技术资源有效地转化为足以抵制他国的武力攻击的军事力量，才能保障主权的独立与领土的完整，但并未讨论国家应当怎样行动才能拥有这样的资源。军事力量是人与武器的有机结合，人需要财富来供养，武器装备是以可用于武器制造的财富和技术为基础的，当然，财富和技术都是人创造的，由于"人口众多并不能确保产生大量财富，但巨大的财富需要一个巨大的人口规模"，因此，可以认为，决定一个国家军事力量的基本因素是"一国的可支配财富和它的技术发展水平"[①]。也就是说，军事力量问题归根到底是经济力量问题，国家力量的提升本质上是一国的经济力量相对于他国的经济力量的增长问题。不过，需要说明的是，将多少经济资源用于军事领域是一个重大的战略问题，经济资源过多用在军事用途上会损伤社会的再生产，经济资源过少用在军事用途上，则不能保证国家的安全。当然，社会产出的资源总量往往是首要关

---

① ［美］约翰·米尔斯海默：《大国政治的悲剧》，王义桅、唐小松译，上海人民出版社 2003 年版，第 85 页。

键的。

在前工业时代,由于生产力水平普遍低下且发展极为缓慢,一个国家可拥有的经济力量基本上是由社会规模(领土面积与相应的人口数量)决定的,开疆拓土便成为国家提升经济力量的主要途径,对扩大了规模的社会能否实施有效的统治与管理从根本上决定着国家开疆拓土的成果能否得以维持和巩固。一个统辖较大规模社会的国家通常可以供养一支较大规模的军队,尽管军事力量的强弱并不简单地取决于军队的多少,将帅的谋略与勇气、部队的纪律、训练、作战经验、凝聚力、士气等都极大地关系着军队的战斗能力,但总的来讲,成功统辖较大规模社会的国家更可能在相互征战中存活。

地理大发现后,在1500—1750年这段被称为重商主义的历史时期,"人们普遍认为世界财富的总量是既定的,而诸如海关法与航海法所体现的商业政策的目标就是为各自的国家尽量夺取财富……贸易——首先是对外贸易——对于一个国家的繁荣来说,在当时被认为是至关重要的。"① 雅各布·维纳曾将这一时期国家信奉的力量提升准则概括为四点:(1)财富是获得权力的绝对的基本手段,不管是为了安全还是为了侵略;(2)权力对获得和保持财富是基本的有价值的手段;(3)财富和权力都是国家政策的恰当的终极目标;(4)从长远看,这两个目标是和谐一致的,尽管在一些特定情形下,不得不牺牲经济利益,以换取军事安全和

---

① [意]卡洛·M.奇波拉主编:《欧洲经济史》(第二卷:十六和十七世纪),贝昱译,商务印书馆1988年版,第365页。

第三章　国家能力的构成

长期繁荣。① 在这一时期的重商主义者眼中,财富是有特定含义的,"货币即财富","人们默认的抑或直言不讳的前提是,一切其他货物都可以用贵金属购得"。② 用亚当·斯密的话讲,"重商主义者认为,货币是构成一切国家财富的东西"③。但在亚当·斯密看来,"货币只是货物借以流通的轮毂……构成社会收入的只是货物……计算社会总收入或纯收入时,必须从每年流通的全部货币与全部货物中减去货币的全部价值,一个铜板也不能算在里面。"④ "在一个政治修明的社会里,造成普及到最下层人民的那种普遍富裕情况的是各行各业的产业由于分工(劳动生产率的提高——引者注)而大增……别人所需的物品,他能予以充分供给,他自身所需的,别人亦能以充分供给。于是,社会各阶级普遍富裕。"⑤ 也就是说,劳动创造财富,提高国民的劳动生产率增加社会产出,民富了,国家才能从社会获得更多的可支配的经济资源,国家才能强大。理解了这一点,也就不难理解西班牙以强于美洲土著人的武力强行从当地掘取巨额黄金、白银所买来的富强只能是昙花一现,同样不难理解 17 世纪的荷兰依靠出没于世界各地的商船,从事海上转口贸易而崛起为商业帝国亦只能是历史的匆匆过客。尽管荷兰的金钱不同于西班牙的金钱,西班牙的金钱主要

---

① Jacob Viner, "Power Versus Plenty as Objective of Foreign Policy in the Seventeenth and Eighteenth Centuries", *World Politics*, Vol. 1. No. 1 (October 1948), pp. 1 - 29.
② [德] 汉斯·豪斯赫尔:《近代经济史:从十四世纪到十九世纪下半叶》,王庆余译,商务印书馆1987年版,第21页。
③ [英] 亚当·斯密:《国民财富的性质和原因研究》(下卷),郭大力、王亚南译,商务印书馆1974年版,第127页。
④ 同上,第266页。
⑤ 同上,第12页。

是直接用武力抢来的,荷兰的金钱主要是借助武力保护经商赚来的,但荷兰的金钱和西班牙的金钱都不是以本国人民的生产为基础的。如果各国的社会生产力都停滞不前,也许荷兰的商业帝国尚可维持,一旦某国社会生产力迅速发展,荷兰这个商业帝国也就必然倾覆,因为生产力迅速发展的国家的财富是更高技术含量的财富,这种财富是机器大工业相对于工场手工业的优质财富。"荷兰作为一个占统治地位的商业国家走向衰落的历史,就是一部商业资本从属于工业资本的历史。"[1]

随着工业时代的到来,国家经济力量提升的方式和价值发生了并继续发生着深刻的变化。机器大工业的生产手段与市场的经济机制相结合,使社会产出迅速增加,国家的经济力量得以大幅度提升,新的财富与新的军事技术的结合构造出了具有强大的攻击力的军事力量,各国不平衡的经济力量与军事力量、世界市场力量、全球性的技术扩散与各国技术的加速发展,这些力量相互交织,经过了近两个世纪的冲突、激荡。"二战"后,国际体系中主要国家的力量特性的变化赋予了国际竞争与挑战新的内涵,国家在国际竞争与挑战的压力下提升国家力量的含义发生了历史性的转变:(1)大国拥有的毁灭性的核武力使任何一方都不可能成为战争的胜利者,大国间战争的可能性已大为降低。不过,为了保持威慑的有效性,大国仍将耗费巨资研制并配备高、精、尖的战略武器。(2)大国的武力,依然是其物质财富的守护力量,但武力已难以充当实现经济目标的直接工具,通常是作为一种特殊的背景起作用,大国直接运用的力量工具主要是经济力量。

---

[1] 《马克思恩格斯全集》第25卷,人民出版社1974年版,第372页。

(3）国家经济力量的提升本质上是本国经济的国际竞争力的提升。归结到一点，国家在国际竞争与挑战中提升国家力量的能力，即是国家将面临的国际竞争与挑战的压力转化为促进社会经济发展的动力的能力。在前文关于国家的经济管理与服务能力的阐述中虽已讨论了国家促进经济增长的能力，但这里关注的，是国家促进社会经济增长与他国促进社会经济增长的相对有效性，在国际竞争与挑战中，要害不在于国家是否促进了经济增长，而在于国家是否比他国更有效，至少以不低于他国的有效性促进经济增长，否则，国家与他国在力量上的差距就会越来越大，国家就难以有效应对他国的竞争与挑战。"缓慢增长能够在几代人之间把一个国家由相对富有推向相对贫穷。"[①] 诚然，一个国家怎样才能相对于他国更有效地促进经济增长并不存在公式化的答案，但一个国家如果在界定产权、完善市场体系、提高教育质量、激发企业竞争与创新、发展基础科学与高新技术这五个基本环节的作为与他国相比相对无效率，它也就不可能持续地促进经济的相对增长。不管它目前在国际体系中的地位如何，都将在未来的国际竞争与挑战中陷入不利的境地。

---

① ［美］斯蒂格利茨：《经济学》，姚开建等译，中国人民大学出版社1997年版，第292页。

第四章　国家能力的支撑结构

上一章关于国家能力的构成分析，主要是对国家的外显能力的分析，即讨论的是国家作为在与疆域内社会和国际体系中他国相互作用的复合关系中实施对社会的统治与管理、应对他国的竞争与挑战的政治实体，其显现于外的能力的诸方面。马克思曾精辟地指出："如果事物的表现形式和事物的本质会直接合而为一，一切科学就都成为多余的了。"① 当然，脱离了事物的表现形式，我们亦无从把握事物的内在本质。无论在历史上还是在现实中，各个国家所显现出来的能力总是存在着差异，有些国家之间的能力差异甚至存在天壤之别。本章探析国家能力的支撑结构，意在从深层次揭示国家能力强弱的缘由。

---

① 《马克思恩格斯全集》第25卷，人民出版社1974年版，第923页。

第四章　国家能力的支撑结构

4.1　国家能力的支撑结构概论

如前所述，国家实施对社会的统治与管理的能力是国家的基础能力。社会是国家获得赖以存续的资源的源泉，是国家力量的终极依托，而社会由于无法自我克服生产方式产生的人们之间的对立与冲突，无法自我组织起来提供经济运行所必需的公共管理，因而只有通过作为"整个社会的正式代表"[①]的国家履行对社会的统治与管理职能，物质资料的生产才能得以正常进行，社会才能持续地发展。问题的关键在于，国家何以有效地实施对社会的统治与管理。

国家与人类其他组织性实体一样，有着自身特定的结构，从而负载相应的功能。尽管古今中外的国家政治实体在外观上各有特点，但在结构上即国家体制上，都是制度架构、国家机构、公职人员、运行机制四大要素的有机组合。

1. 国家的制度架构包括政体形式与权力配置模式

政体形式是最基本的制度架构，规定着权力配置的总方向；权力配置模式是政体形式的具体化。实行同样政体形式的国家，其权力配置模式并不完全相同，从而呈现各具特色的制度架构，并在一定程度上导致采取同一政体形式的国家之间的绩效差异。当然，不同的政体形式对制度架构的影响，比同一政体形式下不同的权力配置模式对制度架构的影响要重要得多。

2. 国家机构是国家权力的载体，是国家的物质外壳

从概念上讲，国家机构是各种国家机关的总和，但各个国家

---

① 《马克思恩格斯选集》第3卷，人民出版社1995年版，第631页。

机关并不同于一个个数字,其总和是固定的。依据制度架构设置的国家机关的实际活动并不必然与制度架构预设的规范相一致。国家机关作为被授予特定国家权力的行为主体,一旦建立起来,即拥有巨大的组织化力量,如果没有与之平行或更大力量的约束,发生蜕变就只是迟早的事。"权力导致腐败,绝对权力导致绝对腐败。"① 而"要防止滥用权力,就必须以权力制约权力"②。总的来讲,要使依据制度架构设置的国家机关的活动合于制度架构预设的规范,主要依靠的是制度架构背后的两种力量:一是在生产方式中居于支配地位的统治阶级的阶级力量,二是合理划分国家权力而在国家机关之间形成的相互牵制的力量。缺乏前者,国家机关之间的分权制衡将导致散乱与纷争;缺乏后者,统治阶级的阶级力量对国家机关的制约与整合则将陷入盲目与低效。由于随后将对这两种力量及相互关系进行专门讨论,为避免重复,在此不予展开论述。

3. 国家权力最终是由人来行使的

人既不完全是天使,也不完全是恶魔,既有作恶、堕落、为私的欲望,也有向善、进取、为公的理想,但前者往往易于战胜后者,抑恶才能扬善,抑恶是首要的,而扬善亦有助于抑恶。对于具体行使国家权力的公职人员而言,其总体的优劣与以下三个方面的实际情形密切相关:

(1) 公职人员的职权范围是否科学、明晰及其职权的行使是

---

① [英] 阿克顿:《自由与权力》,侯健、范亚峰译,商务印书馆2001年版,第342页。
② [法] 孟德斯鸠:《论法的精神》(上),张雁泽译,商务印书馆1959年版,第184页。

否受到有力的监督。"一切有权力的人都容易滥用权力，这是万古不易的一条经验，有权力的人们使用权力一直遇到有界限的地方才休止。"① 国家的制度架构与国家机关的职权划分为公职人员确立了最基本的权力边界，但仅有此是不够的，例如，如果某一国家机关的"一把手"独自握有该机关的法定职权，该机关就会蜕变为"一把手"的个人组织，腐败就会在该机关内部蔓延。在表面上，这个国家机关并不逾越其法定职权，但实际上则是"金玉其外，败絮其中"。因此，是否对国家机关的权力进行法制化的细分，以明确在国家机关任职的公职人员具体的职权范围、责任承担、约束途径并形成闭合的监督链（监督者同样要被监督），直接关系着公职人员的清廉程度。一支腐败盛行的公职人员队伍，绝对是一支坏的公职人员队伍，有了这样一支公职人员队伍，国家的一切职能都必然在腐败的哈哈镜中扭曲、变形，整个国家体制即如没有船底的船，不管建造得多么富丽堂皇，都是无法航行的。

（2）公职人员是否具备与所任职务相称的才能。公职人员，尤其是担任重要职务的公职人员履行所任职务的职责，需进行一系列专门而复杂的决策、规划、组织、指挥、协调活动，如其才能低下，便无法有效履行职责，无法有效履行职责的公职人员队伍无论如何也是一支劣质的公职人员队伍。公职人员总体的才能高低，除受社会人才储备状况影响外，主要取决于国家选人、用人的制度安排与运作机制是否有利于：在"入口"关吸纳有真才实学的人进入公职人员队伍；在"考核"关对公职人员的业绩进

---

① ［法］孟德斯鸠：《论法的精神》（上），张雁深译，商务印书馆1959年版，第84页。

行全面、严格的考评，并公正地予以奖罚；在"晋升"关让才能相对卓著而非平庸者升迁到更高层级的职位。

（3）公职人员是否具备自律、自励的道德水准。国家这部非自行运转而由人来操作的机器，"它需要的不是人们单纯的默认，而是人们的积极参与"①。缺乏道德上的自我激励，将难以发掘出公职人员的主动性与创造性，使国家难以呈现旺盛的生机和活力。

4. 运行机制是各司其职的公职人员、国家机关相互作用、相互影响、相互制约、相互支持而合力实现国家职能的运转逻辑

运行机制通常是由权力机制、法律机制、意识形态机制三种机制相互配合而形成的混合机制，它是制度架构下对各个国家机关和公职人员起联结作用的传动装置，从而使之聚合为一个有机的整体。

国家体制不是自然生成的，而是人为构建的，但人们并不能随意构建国家体制。② 制约人们构建国家体制的根本因素，是生产方式中居于支配地位的统治阶级的力量状况。

前文已指出，国家只有维护了生产方式的正常进行，国家对

---

① ［英］J. S. 密尔：《代议制政府》，汪瑄译，商务印书馆1984年版，第8页。
② 密尔在《代议制政府》一书的开篇即讨论了"政府的形式在多大程度上是个选择问题"，他指出："政治制度是人的劳作，"但"为人民而设的政府形式必须为人民所乐意接受，或至少不是不乐意到对其建立设置不可逾越的障碍；他们必须愿意并能够做为使它持续下去所必须的事情；以及他们必须愿意并能够做为使它能实现其目的而需要他们做的事情。"［英］J. S. 密尔：《代议制政府》，汪瑄译，商务印书馆1984年版，第7—8页。恩格斯则更为深刻地指出："国家的存在和发展归根到底都应该从社会的经济生活条件中得到解释。"《马克思恩格斯选集》第4卷，人民出版社1995年版，第252页。

第四章 国家能力的支撑结构

社会的统治与管理才会是有效的统治与管理。国家对社会实施统治与管理是通过公职人员具体行使职权、履行职责来实现的，公职人员和其他人一样，具有自利的一面。如果具体掌握国家权力的公职人员未受到切实的约束与监督，他（她）对于职责的履行便会以同其个人收益的相关程度来取舍，就将置自己的特殊利益于生产方式中处于支配地位的统治阶级的整体利益及整个社会利益之上，导致国家对社会的统治与管理偏离维护生产方式正常进行的核心职能，从而使国家政权在经济的混乱和包括在生产方式中处于支配地位的统治阶级在内的整个社会的抗拒与反对中走向崩溃。

在短期内，掌握国家权力的最高领导者（层）设置精致的内部权力调控网络，可以在一定程度上克制公职人员手中权力的"异化"，但历史上从没有过某个国家单靠组织内部的权力调控得以久存。汉密尔顿曾中肯地指出："在组织一个人统治人的政府时"，最大的困难之一即在于"使政府能管理自身。毫无疑问，依靠人民是对政府的主要控制，但是经验教导人们，必须有辅助性的预防措施。"[①] 汉密尔顿所说的"人民"实际上是指生产方式中居于支配地位的统治阶级，[②] 而辅助性的预防措施即是国家机关之间的分权制衡。长期而言，只有将生产方式中居于支配地位的统治阶级的力量与国家内部的调控力量有机地结合起来，才能对公职人员形成切实的约束与监督，才能保证公职人员正当行使权力、履行职责。其中，统治阶级的力量是基础性的，因为统治阶

---

① ［美］汉密尔顿、杰伊、麦迪逊：《联邦党人文集》，程逢如等译，商务印书馆1980年版，第264页。

② 李道揆：《美国政府和美国政治》，商务印书馆1999年版，第20页。

级的力量状况从根本上决定着政体的形式，国家的内部调控是在政体形式这一总的框架中进行的。统治阶级的力量包括两个方面：一是统治阶级作为一个阶级的意识形态力量；二是统治阶级作为一个阶级的组织与行动力量。在前工业时代，生产方式中居于支配地位的统治阶级可以形成自己的意识形态力量，例如古代中国的儒学，但对于较大规模社会而言，由于受生产力发展水平的限制，统治阶级是无法作为一个阶级来行动的。到了工业时代，交通运输的便利、信息传递的快捷、经济联系的紧密等客观条件的具备，在较大规模社会，生产方式中居于支配地位的统治阶级才不仅可以形成自己的意识形态力量，而且可以将自己组织起来作为一个阶级来行动，从而真正成为政治上的统治阶级。"一个阶级能胜任统治（政治统治——引者注）意味着，它的阶级利益、它的阶级意识使它有可能根据这些利益来组织整个社会。"①

在这里，需要指出的是，统治阶级的阶级性与统治阶级的力量是两个不同的范畴，阶级性属于价值判断，阶级力量是实然的存在，能够对公职人员予以约束与监督的不是统治阶级的阶级性，而是统治阶级的力量。

诚然，公职人员受到切实的约束与监督并非国家有效实施对社会统治与管理的充分条件，而是必要条件。但统治阶级的力量与国家内部的调控力量的有机结合，其意义不仅在于使公职人员受到切实的约束与监督，更深层的意义在于搭建起生产方式中居于支配地位的统治阶级与国家体制中的公职人员阶层支持性互动的桥梁，在国家体制与生产方式之间形成支持性互动关系，由此

---

① ［匈］卢卡奇：《历史与阶级意识》，杜章智等译，商务印书馆1999年版，第109页。

确立国家有效实施对社会的统治与管理的实践进路。不言自明的是，与生产方式的正常进行最有利害关系的无疑是经济上的统治阶级，统治阶级的力量与国家内部的调控力量有机地结合起来，就在约束与监督公职人员的同时，给这种约束与监督赋予了内在的生命力：一方面，受到约束与监督的公职人员正当地行使职权、履行职责，以保障生产方式的正常进行；另一方面，公职人员行使职权、履行职责，受到统治阶级的支持。

在前工业时代的大规模社会，由于生产方式中处于支配地位的统治阶级并不具备在政治上组织、整合国家政权的行动力量，专制君主制也就成为具有历史必然性的政体形式。虽然专制君主制不能达成长治久安，但如果彼时不实行专制君主制，采取君主统揽大权的国家权力配置模式，亦难以避免国家内部的权力纷争与社会的混乱。为尽可能减少国家的失败和社会的失序，君主及其重臣们将生产方式中处于支配地位的统治阶级的意识形态提升为国家意识形态，化作从政者普遍的道德规范，在君主统揽大权的总前提下，优化国家政治实体的内部结构，形成统治阶级意识形态非正式约束下以君主为国家权力中枢的尽可能完善的国家体制，便成为当时历史条件下的现实选择。而这种以德治相配合的君主专制的国家体制一旦建立起来，国家体制与生产方式之间也就形成了相互支持的关系。① 相互支持的国家体制与社会生产方式日益深入地渗透到国民的精神世界，便积淀为相应的文化传统；

---

① 一方面，公职人员的政治伦理与生产方式中居于支配地位的统治阶级的阶级意识日益形成共生性；另一方面，君主作为公职人员阶层的首脑和统治阶级的总代表，其利益的维护与健全国家体制，尽可能约束、监督各级公职人员正当行使权力，履行职责以维护既存生产方式正常进行具有内在的契合性。

文化传统又反过来指引国民关于经济与政治生活的一般心理取向与价值追求，从而形成国家体制、生产方式、文化传统相互支持的互动结构，使国家消耗相对于从社会积聚的较少的资源即可有效地实施对社会的统治与管理。当然，前工业时代的国家体制存在着严重缺陷，由于君主是不受强制性约束的，因而，国家体制是不稳定的。君主个人素质的得分极大地影响着国家体制的得分，君主个人的才德直接关系着国家实施对社会的统治与管理的效果，君主的昏庸或暴虐与吏治的腐败和国家职能的荒废通常结伴而行。当国家体制由此发生扭曲、变形，国家体制与生产方式、文化传统相互支持的互动结构破裂，不断激化的社会矛盾终将引发社会的武装冲突，旧王朝在武装冲突中覆灭，新王朝在武装冲突中继起。社会生产方式的内在要求，文化传统的指引，旧王朝败亡的教训，使得继起的君主会按照原国家体制的常态并作适当的补充建立起新的国家体制，从而修复国家体制、生产方式、文化传统相互支持的互动结构，恢复国家对社会的有效统治与管理。

在工业时代，生产方式中居于支配地位的统治阶级以其意识形态力量和组织与行动力量为支撑，不仅可以依据植根于生产方式的本阶级的最基本的利益、意志来选择和设计国家体制，而且能够以自己的力量维护所选择、设计的国家体制。理所当然的，他们要推倒专制（绝对）君主制的国家体制，代之以体现本阶级的最基本的利益、意志的宪法正式约束下的立宪君主制或共和制的国家体制。于是，经济上的统治阶级上升为真正的政治上的统治阶级，进而建立起生产方式中居于支配地位的统治阶级与公职人员阶层更高层次的支持性互动的桥梁，在国家体制与生产方式

第四章 国家能力的支撑结构

之间形成更高层次的支持性互动关系，并在此基础上生成更高层次的文化传统。文化又反过来滋养国家体制和生产方式，从而构建起远比前工业时代更高质量的国家体制、生产方式、文化传统相互支持的互动结构，国家由此拥有持续地对社会实施统治与管理的能力，从而得以走出前工业时代那种因政治实体蜕变导致国家体制扭曲而发生周期性的国家体制与生产方式、文化传统相互支持的互动结构的修复、破裂相对应的治乱循环的困境。

综上，国家有效实施对社会的统治与管理的能力是由国家体制、生产方式、文化传统相互支持的互动结构支撑的，这一互动结构能否形成，从根本上讲，取决于生产方式中处于支配地位的统治阶级力量是否制度化地融入国家体制。在统治阶级的力量没有制度化地融入国家体制的情形下，便不存在统治阶级与国家体制中的公职人员阶层支持性互动的桥梁，而单靠国家内部的自我调控力量并不足以克制具体行使国家权力、执行国家职能的公职人员将自己的特殊利益置于生产方式中处于支配地位的统治阶级的整体利益及整个社会利益之上，国家体制与生产方式在实践上便是冲突的，国家也就不能有效实施对社会的统治与管理。当然，生产方式中处于支配地位的统治阶级力量制度化地融入了国家体制，并不等于国家体制、生产方式、文化传统相互支持的互动结构的形成，而只是形成国家体制、生产方式、文化传统相互支持的互动结构的关键环节。单靠制度化地融入国家体制的统治阶级的力量同样不足以克制公职人员将自己的特殊利益置于生产方式中处于支配地位的统治阶级的整体利益之上，但统治阶级力量一旦制度化地融入国家体制，在此基础上，优化国家体制的要素及要素的组合，将生产方式中处于支配地位的统治阶级的力量与国家内部的自我调控力量有机地结合起来，从而在国家体制中蕴涵着统治阶级与公职人员阶层支持性互动的实践机制，构建起国家体制、生产方式、文化传统相互支持的互动结构，则国家就能拥有有效实施对社会的统治与管理的能力。

　　国家在实施对社会的统治与管理的同时，还须应对他国的竞争与挑战。国家拥有有效实施对社会的统治与管理的能力并不一定拥有有效应对他国的竞争与挑战的能力；但国家不具备有效实施对社会的统治与管理的能力，必然不具备有效应对他国的竞争与挑战的能力。国家间的竞争与挑战最终总是归结为各自社会产生的资源对比的较量。国家所统辖社会的规模（国土面积和相应的人口数量）、生产力发展水平具有相对于他国所统辖社会的规模、生产力发展水平的综合优势，则国家所统辖社会产生的资源具有相对于他国所统辖社会产生的资源的比较优势，国家若将具有比较优势的资源转化为具有比较优势的现实力量，则国家在国际竞争与挑战中将占据优势地位，从而具备有效应对他国竞争与挑战的能力。国家所统辖社会的规模不是天然形成的，而是以某一地域为发祥地逐渐扩展而来，"开疆拓土"只是第一步，最重要的是，国家要具有对扩展后的疆域进行有效的统治与管理的能力，这取决于国家政权的领导集团和统治阶级的精英阶层能否在扩展后的疆域构建起国家体制、生产方式、文化传统相互支持的互动结构，否则，由"开疆拓土"而得以扩展的社会规模是无法巩固的。生产力是人的生产力，是人与人结成一定生产关系中的生产力，生产力在深层次上决定着生产关系，而生产力又是在生产关系中发展的，生产力与生产关系的相互作用构成生产方式。无论是控制生产方式中人们之间的对立与冲突、提供必要的公共管理与服务以保障生产方式的正常进行，还是在国际竞争与挑战的压力下改进生产方式以促进生产力的发展，都是通过国家有效实施对社会的统治与管理来实现的。

归根到底，国家能力是由国家体制、生产方式、文化传统相互作用的互动结构支撑的，它们的相互作用既可能形成相互冲突的互动结构，也可能形成相互支持的互动结构。国家能力的强弱源于它曾经的支撑结构和现在的支撑结构的优劣，国家能力的强弱是累积的，国家能力的支撑结构是演进的。国际竞争与挑战的压力对国家能力的支撑结构的演进具有重大影响，在特定的时期，他国施加的竞争与挑战的压力可能对国家能力的支撑结构的变迁具有决定性的影响。当然，这种压力并不是国家能力支撑结构中的要素，因为他国在国际竞争与挑战中所拥有的强大能力同样是由国家体制、生产方式、文化传统相互作用的互动结构支撑的。

有关国家能力支撑结构的演进将在下一章详细讨论。为进一步阐明国家能力的支撑结构，本章以下两节将分别选择前工业时代与工业时代的强国的国家能力的支撑结构予以具体考察，并为下一章国家能力发展的机理解析作必要的铺垫。

4.2 前工业时代国家能力的支撑结构

在前工业时代数千年的历史之河中，不同的河段都曾有几艘大船扬帆破浪，但在整个前工业时代的历史之河中全程航行的大船却只有一艘，这就是中国。无论是其精巧与完善，还是质量与效用，古代中国国家能力的支撑结构在前工业时代都是首屈一指的。艾森斯塔得曾在《帝国的政治体系》一书中，列举了前工业时代主要的中央集权官僚帝国或国家：古埃及、古巴比伦、从汉代到清代的中华帝国、波斯帝国、古罗马帝国、拜占庭帝国、印度的莫卧尔帝国、阿拉伯的哈里发国家等。① 除中国外，这些帝国（国家）中又有谁在前工业时代长期拥有强大的国家能力的呢？罗荣渠先生指出："从葡萄牙在澳门建立贸易据点（1557年）到鸦片战争，将近三个世纪的大部分时间，中华帝国在经济、政治、贸易、文化等方面都可以与任何新兴西方海上势力抗衡……环视东亚大陆，只有中国一个国家如此长久地成功抵挡了西方的海上挑战。说明古老中国的政治经济结构是牢固的，这是处在工场手工业发展阶段的西方商业资本主义难以撼动的。"② 因此，对于前工业时代国家能力的支撑结构的考察以中国的国家能力的支撑结构为标本。

首先，我们考察前工业时代中国的国家体制。前工业时代中国的国家体制发端于公元前21世纪的夏王朝，成型于秦汉，其后历代王朝根据当时的情势作适当修补，至1911年辛亥革命，沿用2000余年。由于专制君主制的国家政体形式与君主作为统揽国家权力的首脑机关具有同一性，为避免重复讨论，对于古代中国国家体制的制度架构与机构一并予以分析。

4.2.1 制度架构（机构）

1. 皇帝

中国大一统的中央集权的君主专制政体始于秦。君主的称谓

---

① ［以色列］艾森斯塔得：《帝国的政治体系》，阎步克译，贵州人民出版社1992年版，第13页。
② 罗荣渠：《现代化新论》，北京大学出版社1993年版，第247—248页。

为皇帝,史书中常称之为"上"。皇帝享有国家的一切权力,"天下之事无大小皆决于上"①。国家的军事、行政、立法、司法、财政、人事大权悉归皇帝统揽。但皇帝作为一个人,不管多么至高无上,尊荣独断,都不可能直接行使、运用国家的全部权力;相反,皇帝要依靠设立相应的国家机关并牢牢地掌控、驾驭、驱动供职于这些机关的主要官吏,以保证各机关及其官吏履行所担当的国家职能来实现对国家大权的统揽。

2. 宰相

宰相是辅助皇帝处理国政的首要机关,它"掌丞天子,助理万机"②。不过,宰相的职权并不稳定。由于担任宰相者位列百官之首,位高权重,相权与君权不免发生抵触,因而宰相的职权及宰相的存废往往随着皇帝的意愿变化而变化。汉代武帝之前,宰相拥有很大的实权,陈平说:"宰相者,上佐天子理阴阳,顺四时,下育万物之宜,外镇抚四夷诸侯,内亲附百姓,使卿大夫各得任其职焉。"③ 至汉武帝时,宰相的职权开始弱化。唐以三省长官分工联合行使宰相职权。明初,朱元璋废宰相制度,中央政府的府、部、院、寺互不统属,直接向皇帝负责。后因国事繁重,设内阁辅助皇帝处理政务,内阁虽然实际上行使了汉唐时宰相的部分职权,但却并非真正的宰相机关。

3. 行政机关

秦汉时列卿为中央行政组织的骨干,有比较明确的分工,已经形成比较严密的组织系统。设有掌宗庙礼仪和文化教育的太常

---

① 《史记·秦始皇本纪》。
② 《汉书·百官公卿表上》。
③ 《史记·陈丞相传》。

（秦为奉常）、管理国家税赋的大司农、司刑狱的廷尉、办理少数民族事务的大鸿胪，以及主要为皇室服务的宗正、光禄勋、卫尉、太仆、少府，将作大匠等。① 至唐代，中央行政机关已甚为完善，分工更为明细。尚书省为唐代中央行政机关，尚书辖吏、户、礼、兵、刑、工六部，六部各设尚书为长官，辅佐官员为侍郎，六部每部设四司，共二十四司。吏部主管政府人事，户部主管全国财政，礼部主管各种礼仪及教育文化，兵部主管军事，刑部主管司法刑狱，工部主管营造。明代六部尚书直接由皇帝管理，地位有了很大提高，可对外发号施令，权势较重。

4. 军事机关

军队是皇权的支柱。皇帝是军队的最高统帅，掌握全国军队的最高指挥权。军队的高级将领均由皇帝直接任免，军队的调动须出于皇帝的命令，出征作战时，由皇帝根据具体情势任命将军组成指挥机关，作战完毕，皇帝即收回军权。

5. 司法机关

秦汉时期，廷尉是中央常设的负责刑狱的机关，地方郡守、县令（长）负责当地案件的侦破与审判，死刑及重大案件上报中央由廷尉作出终审判决，廷尉难以决断的案件则上奏皇帝最后裁定。唐代司法制度和司法机关的设置趋于完善，中央司法机关由大理寺、刑部、御史台组成，大理寺负责审理中央百官犯罪及京师徒刑以上案件，刑部负责复审大理寺流刑以下案件及州县徒刑以上的案件，御史台负责监督大理寺和刑部的司法审判工作，遇

---

① 白钢主编：《中国政治制度史》（上卷），天津人民出版社 2002 年版，第 217—219 页。

有重大或疑难案件也参与审判。死刑案件须上奏皇帝核准。明朝的中央司法机关包括刑部、大理寺、都察院，刑部为皇帝以下最高的司法行政机关，专司审判，大理寺负责复审刑部的案件，都察院负责对刑部和大理寺的监察，同时也参与重大、疑难案件的审判。清大体沿用明朝司法机关的设置。

6. 监察机关

秦汉时期已经建立起一套从中央到地方的监察机构，形成了比较完善的监察制度。其基本特点是：首先，它形成了从中央到地方的分级多层的监察机关，中央由御史（汉武帝后为刺史）监察郡国，郡守除自任监察之职外，还以督邮监察属县，县令（长）除自行监察职权外，又通过廷掾监察属乡。这种分层的监察制度，职权分明，便于检查和督责。其次，监察官秩卑、权重、赏厚，又与行政权相脱离，便于他们无所顾忌地大胆工作，尽力地恪尽职守。最后，经常性的监察与定期巡视相结合，以提高监察工作的效能。① 唐代，御史台发展为一个独立完整的监察机构，内部采用三院制，即台院、殿院、察院，各院职掌明确，责任清楚，并建立御史分察制度，分别监察中央政府官员和地方各道、州、县官员。另外，尚书左右丞对于"御史有纠劾不当"，有"兼得弹之"② 之职责，从而使监察机关亦受到被监察者的监督。明清以督察院为专门监察机关，进一步强化了对中央官员和地方官员的纠察、监督。

另外，为弥补皇帝思虑的不周，少出差错，还设立了言谏机

---

① 白钢主编：《中国政治制度史》（上卷），天津人民出版社2002年版，第242—243页。

② 《旧唐书·职官志二》。

关，针对皇帝不当的举措、决策提供建议和意见。

7. 地方政府

秦大一统后置郡县为地方行政区，以保持中央对地方的直接控制，维持中央集权，各郡设守、尉、监各1人，郡守为地方行政长官，郡尉主管军事，郡监是中央派出的地方监察机关。郡是地方最高一级政权，上承中央政府，下理郡内诸县。县为基层政权组织，由县令（长），主持一县政务，县下设乡、亭、里，十里为一亭，十亭为一乡。在各乡，设三老以掌教化，设啬夫以职听讼与税收，设游徼以禁盗贼。县令（长）虽为地方基层行政长官，但中央的政令措施最终都须通过县的长官得到贯彻执行，县令（长）是政府与民间相贯通的桥梁。自秦立郡县至清，县作为地方基层政权组织的建制一直沿用，至于县以上的地方政治组织则多有变动。

4.2.2 公职人员的配置

1. 选拔与录用

两汉选拔与录用公职人员的主要方式是察举和征辟。察举即经过考察后荐举，以举贤良方正、孝廉及博士弟子三者为普遍。应举者按不同的科目参加考试，考试不合格，即行罢归，对于合格者则根据成绩高低分别授官或为郎官候补。征辟分为征召和辟除两种，征召是指皇帝对社会上某些有名望和才干的人进行延揽、聘召，委以官职；辟除是公卿大臣自行聘用属吏。魏晋南北朝时期以九品中正制作为选官的基本制度安排，弊病丛生，形成"上品无寒门，下品无士族"的社会凝固局面。隋开科举取士先河。唐代科举制度得以确立，以考试成绩作为入仕的主要依据。唐朝科举考试以明经、进士两科为要，明经侧重考经义，进士侧重考诗赋。宋王安石变法后，科举科目以进士科为要，考试内容为儒家经典及策论，明清继续以科举考试为选官正途。

2. 考核与晋升

对官员政绩的考核，自秦即相当重视，至汉已较为完备，考核的频率为每年一小考，三年一大考，由上级考核下级，最后将考核结果汇集于丞相、御史两府，由两府总其成上奏皇帝，然后，根据考核情况对官员实行奖惩。奖励主要有增秩、升官、赐爵，惩罚主要有降薪、贬职、免职等，对违背国家律令者，则治其罪。唐朝代实行一年一小考，四年一大考，由吏部考功司负责实施，以德高望重的宰相二人任考校使，御使大夫或其他高级官员为监考使，考核标准为"四善"、"二十七最"，四善即"一曰德义有闻，二曰清慎明著，三曰公平可称，四曰恪勤匪懈"[①]。"二十七最"是针对各个机关具体工作性质所规定对官吏的考核依据。对于小考优异者赏以加俸，不合格者罚以降俸，大考优异者赏以晋升，不合格者罚以降职、免职甚至承担法律责任。宋设审官院负责京官考核，考课院负责地方官考核，文武官员任职满一年一小考，满三年一大考。明朝的考核分为考满和考察，由吏部尚书和都御使主持，考满为阶段性考察，三年为初考，六年为再考，九年为通考，考核成绩分为称职、平常、不称职三等，考满之后，按照所得考绩对官员进行升降；考察主要是针对需要处理的官员的审查，对象有八种：贪、酷、浮躁、不及、

---

① 《新唐书·百官志一》卷46。

老、病、罢、不谨。

4.2.3 运行机制

1. 权力机制

权力机制包括两个层次：（1）皇帝以其所垄断的军事力量为权力支柱，通过排他性地把持高级官员及关键职位的官员的任免、奖罚权而将中央和地方政权机关控制在自己手中，在此基础上把持国家的最高决策权以决定国家政权机关活动的方向和内容。开国皇帝对军事力量的垄断源自"从马上得天下"，后世皇帝对武力的垄断源于他是开国皇帝的子孙，即源于皇室血统而继承的皇位。（2）以皇帝为总源头的国家政权系统内自上而下及专门机关的权力调控、监督、驱动，使各国家机关和各级官吏正当行使职权、履行职责。

2. 意识形态机制

自汉武帝"罢黜百家，独尊儒术"，将儒家学说提升为国家意识形态，儒家的天道观、大一统思想、德治理念、纲常名教日益在为政者心中内化，沉淀为特定的政治文化，这个特定的政治文化，于君主则提供皇权专制与仁政并行的治国之道，于臣子则化为修身齐家与忠君爱国的人生指南，从而产生家国同构，君臣一体的奇妙效应。

3. 法律机制

皇权的个体性与至高无上性，决定了皇帝本人并不受任何规则的硬性约束，但作为国家政权的最高执掌者，无论是为了巩固皇权，还是为了领导政权机关和官吏集团有效履行国家职能（二者是相辅相成的），都须以法律的形式确立臣民的一般行为规范并

第四章 国家能力的支撑结构

保证法律的施行。事实上，秦及以后的历代主要王朝，皇帝无不作为最高立法者，以国家名义颁布本朝法典，并建立一套从中央到地方的司法体系，按层级确立官员的司法权限，使法律得到贯彻执行，并作为国家司法权的最高执掌者，审理、裁决重大案件。

归结起来，以皇权为主推力，以国家意识形态化的儒学（统治阶级意识形态）为软约束力，以皇帝为最高立法者的法律对臣民的硬约束力为辅助推力，三种力量的融合构成了古代中国国家体制的基本运行机制。

在前工业时代，中国的国家体制与其他大国的国家体制相比较，最主要的特质在于：生产方式中的统治阶级的意识形态上升为国家意识形态，在此基础上通过优化国家体制的要素及要素的组合，统治阶级的力量（意识形态力量）与国家政权内部的调控力量得以有机地结合。不言而喻，统治阶级意识形态的产生是统治阶级的意识形态上升为国家意识形态的前提。卢卡奇（Lukacs）曾断言：前资本主义时代（相当于前工业时代——引者注）的统治阶级的意识就其本质而言"不可能具有十分清晰的形式"。"这首先是因为在任何一个前资本主义社会中，阶级的利益绝不可能以十分清晰的（经济的）形式表现出来，这是任何一个这一类社会的本质使然，社会结构分为等级、阶层等，随之而来的是在社会的客观经济结构中，经济的因素和政治的、宗教的等等因素不可分地结合在一起。"[①] 不考察中国的情形，卢卡奇的论断的确无可厚非，而用中国的历史经验检视，其论断则存在明显的偏误。只能说，前工业时代的生产方式中居于支配地位的统治阶级的意识形

[①] ［匈］卢卡奇:《历史与阶级意识》，杜章智等译，商务印书馆1999年版，第113页。

态的产生极为不易。著名的全球史大家斯塔夫里阿诺斯（Stavrianos）指出："在中国……各个时期之间存在惊人的政治统一性。这种政治统一性的形成在很大程度上可归因于中国文明具有独特的现世主义，这一点可以从中国文明是世界文明中唯一的所有历史阶段都未产生过祭司阶级的伟大文明这一事实中看出来。固然，皇帝也是祭司，他为了所有臣民的利益而祭拜苍天，但是他所履行的宗教职责始终从属于他的统治职责，因此欧亚大陆其他文明中存在的教士与俗人之间、教会与国家之间的巨大分裂，在中国并不存在……中国人的经典都强调人在社会中的生活，尤其强调家庭成员之间、君臣之间的关系。这种对现世主义的强烈偏好为政治组织和政治稳定提供了一个稳固的根本基础——这一基础还因为中国人在古典时代即实行独特的科举制度（一种通过全国的竞争考试选任文官）而得到进一步加固。"① 换言之，其他大国由于社会生产方式中处于支配地位的统治阶级的意识尚未形成十分清晰的形式——统治阶级的意识形态，因而不存在将统治阶级的意识形态上升为国家意识形态的现实可能性，也就无从谈及将社会生产方式中处于支配地位的统治阶级的力量制度化地融入国家体制，它们无法像中国那样构建起国家体制、生产方式、文化传统相互支持的互动结构。

前工业时代中国国家能力的优长在于：中国的国家能力基于以德治相配合的皇权专制的官僚国家体制、小农经济的生产方式、儒家学说为内核的文化传统相互支持的互动结构的支撑，将数以千万计的分散小农聚合为井然有序的稳固共同体。中国的王朝政

---

① ［美］斯塔夫里阿诺斯：《全球通史》（上），董书慧等译，北京大学出版社2005年版，第155—156页。

第四章 国家能力的支撑结构

府比其他大国的王朝政府能更有效地对内统治与管理庞大规模的社会,对外凭借从庞大规模的社会积聚的雄厚财力和充裕人力应对他国的武力竞争与挑战。这一互动结构对于中国的大一统所具有的客观绩效及历史的传承使之内化为以汉族为主体的中华民族的特殊集体记忆和心理素质,当皇帝昏庸或残暴而发生吏治腐败、自耕农流离失所,则爆发席卷全国的农民起义,在农民起义的烽火中,旧皇权消亡,新皇权继起,通过改朝换代,以德治相配合的皇权专制下的官僚国家体制得以恢复常态,从而修复国家体制、生产方式、文化传统相互支持的互动结构。而在此关头如果遭受外敌的攻击,外敌虽然可以趁中国处于困顿之际入侵,但并不能在短时期内于中国的疆域确立起入侵者的国家体制、生产方式、文化传统相互支持的互动结构(实际上,前工业时代的任何入侵者即使在其发祥地亦未曾构建起国家体制、生产方式、文化传统相互支持的互动结构),而入侵者本土所能提供的资源却至多只可在极短期限内支撑其对如此辽阔的疆域和众多的人口实施统治与管理,其结果只能是,入侵者要么在中国作短时的逗留而被驱逐,要么被同化,中国社会必然孕育出新的强大的国家政权。

反观前工业时代世界上其他曾统辖辽阔疆域与众多人口的大国,国家最高权力的掌控者可以通过建立严密的内部监控网络,设置环环相扣的官僚组织,以保证国家政权系统有效运转,并将国家对社会资源的抽取限制在合理的范围,且保障生产方式的正常进行。然而,这只能是短期效应,这是以最高权力掌控者具有高度权威和铁腕手段、雄才大略为前提的,一旦这样的强势人物故去,继任者不具前任的特殊条件,被暂时压抑的公职人员群体的利己心就会奔涌而出,国家体制与生产方式之间便会呈现日益严重的冲突性互动。由于这些大国未能像中国那样构建起支撑国家拥有统治与管理大规模社会的强大能力的国家体制、生产方式、文化传统相互支持的互动结构，决定了它们无法像中国那样顽强地经受住来自内外的剧烈震荡，往往随着超凡领袖开创的王朝在内外震荡中解体，原国家政权所统辖的社会便分崩离析，难以再生出拥有强大能力的国家。

4.3　工业时代的国家能力的支撑结构

在工业时代，由于生产力的巨大发展、社会成员经济联系的显著增强，生产方式中居于支配地位的统治阶级不仅具有阶级的意识形态力量，而且具有阶级的组织与行动力量，经济上的统治阶级凭借其阶级力量使自己真正成为政治上的统治阶级。其将本阶级的普遍的意志和利益用宪法的形式权威地表达出来，以宪法取替君主，确立起宪法框架下的国家体制，并保障国家体制的运行，而且有力量推动国家体制的完善，从而，担当起政治上的统治阶级必须肩负的使命——"只有为了社会的普遍利益，个别阶级才能要求普遍统治。"① 工业时代的国家体制中无疑蕴涵着远比前工业时代更高层次的生产方式中居于支配地位的统治阶级与公职人员阶层的支持性互动的实践机制，工业时代的国家能力的支撑结构相对于前工业时代的国家能力的支撑结构，是本质上的超越。下面拟以主要工业国的国家能力的支撑结构为考察对象，对工业时代国家能力的支撑结构进行剖析。

---

① 《马克思恩格斯全集》第1卷，人民出版社第1版，第464页。

同样，我们首先从主要工业国的国家体制开始考察。

4.3.1 制度架构

在表面上，主要工业国的国家制度架构并不存在标准模式，就政体形式而言，美国采用的是总统共和制，英国、日本采用的是议会君主制，德国采用的是议会共和制，法国采用的是半总统半共和制。但在制度架构表面差异的背后，实质性的东西是相通的。其一，国家的制度架构由宪法确立，奉行宪法至上；其二，宪法在规定国家的基本制度（各个国家机关的职权、设置、职责及相互制约关系）的同时，确认主权在民，以公民的选举授权为国家主要公职人员权力的来源；其三，经济上处于支配地位的统治阶级通过政党组织选举，将公民的选举权利聚合为约束、监督国家公职人员的统治阶级的集体力量。

4.3.2 国家机构

1. 代议机关

代议机关的具体组织形式是议会，议员一般由选举产生。议会的主要职权包括：（1）立法权，即制订、修改、废止法律的权力，是议会最基本的权力。（2）财政权，即批准行政机关的预算和决算的权力。（3）监督权，即监督行政机关的权力，包括质询权、调查权、建议权等；采用内阁制的国家在法理上有倒阁权。（4）弹劾权，即议会拥有对滥用职权、违法犯罪的高级公职人员进行控告和制裁的权力，弹劾权是议会牵制行政与司法机关的重要手段。

2. 行政机关

行政机关在组织体制上主要有两大类型：内阁制与总统制。

内阁制行政机关由议会中占多数席位的政党或政党联盟的领袖组织，该领袖出任行政首脑（议会共和制国家称总理，君主共和制国家称首相），由其提出内阁组成人员的人选，形式上由虚位的国家元首任命，实际上国家元首不得否认内阁人选。总统制行政机关由选举产生的总统负责组织，总统既是行政首脑，又是国家元首，行政机关的各部部长经议会同意后由总统任命，对总统负责。

在此，以美国的行政机关为例，说明工业国的中央行政机关的职权与职责。

美国总统作为最高行政长官，主要权力包括行政权、立法倡议权与议案否决权、外交权、武装部队统帅权。

美国《宪法》第二条第一款规定："行政权属于美利坚合众国总统。"这概括性地确认了总统作为行政首脑的地位和权力。宪法第二条第三款规定：总统"负责使法律切实执行"，赋予了总统监督各行政部门执行法律的权力。总统拥有一个协助行政长官完成各种任务的联邦官僚体系，它目前由大约 280 万联邦文职雇员组成。《宪法》第二条第二款规定了总统的任命权，总统"提名，并经咨询参议院和取得其同意，任命大使、公使和领事、最高法院法官和任命手续未由本宪法另行规定而应由法律规定的合众国所有其他官员"。除高级官员外，总统可自行任命为数众多的其他联邦官员。"在今天，一位新总统可以任命的官员……大约 1 万人左右。其中主要的是大约两千七八百名专职的政治任命官员，这些人被认为是制定政策的高级官员。他们监督和指导 280 余万文职人员，负责使后者实施总统的政策。政治任命官员最上层是大约 700 多名'政治行政长官'，这些人是各部部长、副部长、助理部长、独立机构长官、管制委员会委员、总统办事机构各单位的高级官员等。这些官员除少数人（主要是白宫办公厅高级官员）外，其任命须经参议院批准……对于总统提名的各内阁部长，参议院总是批准的。参议员们认为总统应享有任命能贯彻其政策的部长的自由……但参议院拒绝对较小机构首长和管制委员会委员的提名则较为常见。"① 美国总统的权力来源除宪法的授予外，还有国会授权、先例和最高法院的裁决。例如，美国宪法未明文规定总统的免职权，但根据1926年、1935年最高法院的司法裁决，总统有权随时将他任命的除管制机构官员外的其他政治任命官员免职。②

美国《宪法》第二条第三款规定："总统应不时向国会报告联邦情况，并向国会提出他认为必要和妥善的措施供国会审议。"根据这一职责，总统每年向国会提交国情咨文、预算咨文和经济咨文。这三个咨文构成总统的主要立法建议方案。此外，总统还常就各种专门问题，如环保、国防、科技、能源、民政、福利等向国会提出专项咨文，建议国会制定相应法律和政策。这些咨文的立法建议，实际上决定着国会的主要议事日程。③《宪法》第一条第七款规定，"国家通过的立法须经总统签署方可成为法律"。如果总统不同意国会通过的议案，可在收到该议案10日内将该议案和否决文书退回国会复议；如果总统10日内不签署该议案，而国会这期间已休会，则议案不能成为法律；如果议案10日内未被总统签署或否决，但国会仍在开会，则该议案自动成为法律；由总统否决的议案，如果两院各以出席议会的议员人数的2/3多数

---

① 李道揆：《美国政府和美国政论》（上册），商务印书馆1999年版，第411页。
② 同上，第414页。
③ 同上，第416页。

票重新通过，则无需总统签署而成为法律。

美国《宪法》第二款第一项规定："总统为武装部队总司令，总统有权委任军官、统率和指挥军队。"美国宪法将军队的统治权交给民选的总统，在于防止军人滥用军权、使文人政府有效地控制国家武力。美国的军事领导体制由总统、国家安全委员会、国防部及其所属的参谋长联席会议和陆、海、空三军种组成。国家安全委员会是美国最高军事决策机构，由总统担任安全委员会主席，与副总统、总统国家安全事务助理、国务卿、国防部长、参谋长联席会议主席、中央情报局局长和财政部部长一道组成国家安全委员会。国家安全委员会直属总统领导，其任务在于向总统提供与国家安全有关的内政、外交和军事战略及策略的综合建议。国防部是美国总统领导与指挥全国武装力量的最高军事领导机关。国防部长由文官担任，负责领导所属的参谋长联席会议和陆、海、空三军种，并通过参谋长联席会议实施对三军的指挥。参谋长联席会议是总统、国家安全委员会和国防部长的主要军事咨询和作战指挥机构。参谋长联席会议主席由陆、海、空三军高级将领担任，任期两年，除战时外，只能连任一次，是总统和国防部长的首席军事顾问。① 美国总统并不拥有全部军事权，而是与国会共同行使，只有国会有权宣战，有权为军事开支征税和拨款、招募军队、制定军事法律。

美国《宪法》第二条第二款规定："总统经咨询参议院和取得其同意有权缔结条约，但须经出席参议员2/3批准。"外交权亦是由国会和总统共同行使，但在实际的外交事务中，总统往往处

---

① 李保忠：《中外军事制度比较》，商务印书馆2003年版，第56—57页。

于主导地位，是外交政策的决策人，而国会通常是支持总统在外交方面作为决策者的，最高法院也承认总统的这种特殊地位和权力。

副总统名义上是联邦行政机关第二号人物，但实际的作用和影响有限。

总统办事机构是罗斯福总统根据1939年的《改组法》始创的，主要职能有两点：一是协助总统，二是协调庞大的联邦行政机构的工作。它由总统的亲信、顾问、专家和行政人员组成。"二战"后，随着总统权力的扩大，总统办事机构的权力和人员也迅速膨胀。① 美国总统的办事机构包括：白宫办公厅、经济顾问委员会、国家安全委员会、美国贸易代表办公室、环境质量委员会、管理和预算办公室、科学和技术委员会、行政办公室、国家毒品管制政策办公室、政策发展办公室、国土安全办公室。其中，白宫办公厅、经济顾问委员会、管理和预算办公室以及国家安全委员会是尤其重要的总统办事机构。②

美国总统领导的联邦行政部门分为四大类：（1）内阁各部；（2）独立监管机构；（3）独立行政机构；（4）政府公司。

内阁各部是国会依专门法律设立的，法律对每个部的目的和职责都作了明确的规定，是美国联邦行政机关的主要职能部门，截至1988年，共有十四个内阁部：国务院、财政部、内政部、司法部、农业部、商务部、劳工部、国防部、住房与城市发展部、交通部、能源部、卫生和人道服务部、教育部、退伍军人事务部。

---

① 李道揆：《美国政府和美国政治》（上册），商务印书馆1999年版，第439页。
② [美] 斯蒂芬·施密特等：《美国政府与政治》，梅然译，北京大学出版社2005年版，第287—288页。

独立的监管机构是国会为某一专门目的而设立的,由总统直接领导,其政治地位低于内阁部,但一些独立行政机构的重要性并不在内阁部之下。独立的监管部门包括:州际商业委员会、联邦储备委员会、联邦贸易委员会、联邦电讯委员会、证券交易委员会、国家劳工关系委员会、平等与就业机会委员会、环境保护署、消费品安全委员会、原子能管理委员会。

独立的行政机构是为特殊任务而设立的行政管理机构。比较重要的独立行政机构主要有:中央情报局、国家科学基金会、国家航空航天局、小企业管理局等。

政府公司有全为政府所有的,也有部分为政府所有的。全为政府所有的公司分为两种,一种是独立机构,一种隶属于内阁部及其他独立机构。重要的政府公司如田纳西流域管理局、联邦存款保险公司、美国进出口银行、国家铁路客运公司、美国邮政署等。

3. 司法机关

国家司法权的核心是审判权,法院是行使国家审判权的专门机关。检察机关作为国家的公诉机关,主要承担刑事追诉的职能,即在刑事诉讼中代表国家提起公诉,作为当事人一方参与刑事诉讼活动。在大陆法系国家,不设单独的检察机关,而是附设于法院内部。在英美法系国家,检察机关通常单独设立,实行审检分署。英国1985年的《犯罪起诉法》规定,在中央设置皇家检察院作为全国最高检察机关,首脑称总检察长,由首相从下院议员中提名任命,领导全国各地方检察机关。美国的检察机关隶属于国家行政长官,总检察长由司法部长兼任,领导联邦检察官,各州依据州宪法规定设立州检察机关,负责刑事案件的公诉。

第四章 国家能力的支撑结构

法院行使国家审判权奉行的基本原则主要有：(1) 司法公正原则，包括程序公正与判决结果公正；(2) 司法独立原则，其基本含义是指法院、法官独立行使司法审判权，法院、法官的审判活动只服从法律，不受其他方面的干涉；(3) 法律面前人人平等原则，即法律给予全体公民以平等保护，对全体公民统一适用，任何人不享有超越法律之外的特权；(4) 公开审判原则。①

司法机关最基本的职能是适用法律处理案件，即按照法律规定的程序通过对案件（刑事案件、民商事案件、行政案件）的审理认定事实，依据法律作出裁决，解决纠纷，以维持正常的社会秩序。除此之外，法院还享有司法解释权、违宪审查权等特殊职权，而违宪审查权尤具重大意义。违宪审查权是指法院（最高法院）有权对立法机关制定的法律、行政机关颁布的行政法规及采取的行政措施的合宪性进行审查。违宪审查制度起源于美国，在1803年美国最高法院审理马伯里诉麦迪逊案件中，确定了"违反宪法的法律是无效的"这一违宪审查原则。最高法院的违宪审查权并不主动行使，而是在具体处理案件时对法律、行政法规的合宪性进行裁决。大陆法系国家一般设立宪法法院行使违宪审查权。

对于法院组织机构的设置，大陆法系国家较为简明，英美法系国家则较为繁杂。从纵向组织体系看，国家的司法权关是由初审法院、上诉法院、最高法院构成的金字塔型的审级机构。

---

① 参见李步云主编：《宪法比较法研究》，法律出版社1998年版，第892页；龚祥瑞、罗豪才、吴撷英：《西方国家的司法》，北京大学出版社1980年版，第79—122页；陈业宏、唐鸣：《中外司法制度比较》，商务印书馆2004年版，第37—69页。

4.3.3 公职人员的配置

（1）选举。在主要工业国中，采取总统共和制的美国，其作为国家元首和政府首脑的总统，代议机关（参议院、众两院）的议员（参议院议员由1913年第十七宪法修正案规定由各州直选）均由民选产生。美国总统任期四年，宪法第二十二修正案（1951年2月27日批准）规定："无论何人，当选担任总统职务不得超过两次。"在政党产生之前，美国总统候选人由国会参众两院议员组成的一种专门的联席会议提名，从1840年起，国会提名总统候选人被政党提名总统候选人取代，由政党在总统选举年召开党的全国代表大会，提名总统候选人。① 美国总统的选举先由各州选民选出选举人团，再由选举人团1人1票投票选举。各州选举人团的人数与该州在国会参众两院的议员人数相等。

选举人名单由政党的州代表大会、州中央委员会或预选提出，在总统选举日，每个州的选民对本州各政党提出的总统候选人名单进行投票，得多数票的某个政党的名单上的选举人即全部当选，当选的选举人则保证将选票投给本党的总统候选人。② 美国参议员任期六年，每州定额2名，共计100名，每年改选1/3，众议院议员共计435名，各州按人口比例分配议员名额，任期两年，参众两院议员均由各州人民选举产生。

在实行议会共和制的德国，总统（虚位元首）由联邦大会选举产生，联邦大会由联邦议院的全体议员和同等人数的各州议会代表（按人口比例由州议会选举产生）组成，总统可连任一次。

---

① 胡盛仪等：《中处选举制度比较》，商务印书馆2000年版，第173页。
② 李道揆：《美国政府和美国政论》（上册），商务印书馆1999年版，第232—234页。

德国最高立法机关联邦议院的议员由民选产生,行政机关的首脑总理,按惯例由总统与各议会党团协商后提名多数党领袖为候选人,由联邦议院投票选举,过半数票即当选。

在实行半总统半共和制的法国,总统由法国公民直接选举产生,任期七年,可连选连任。法国国民议会拥有国家的立法权,国民议会议员由公民按选区直接选举产生。

在实行议会君主制的英国,下院议员由公民普选产生,在下院获得多数席位的政党领袖出任首相,负责组阁,掌握国家行政权。

(2)任命。由任命产生的公职人员主要有三类:高级行政官员、最高法院法官、军官。

(3)考试。国家行政机关所需的大量事务性文职人员主要以考试方式来选拔、录用。通过考试选录事务类公务员主要是基于三方面的原因:克服"政党分肥"的政治弊端;避免执政党更迭的行政人事动荡;吸纳具有良好的专业知识和技术的人才进入行政部门,提高行政效率。英国是现代意义上最早推行通过考试选录事务性公职人员的国家。英国之后,美国、法国、德国、日本等国均建立了行政事务性公职人员的考录制度。其共同的特点是:第一,以竞争性考试作为选拔非由选举、非经政治任命的公职人员的主渠道;第二,确立严格的考录程序,从发布招考公告,到报名登记、资格审查、考试科目及内容的确定、成绩公布、录用资格的获取直到正式录用,都有着一套完善的程序保障;第三,考录分离,参加考试合格者只是取得被录用为公职人员的资格,最终的录用则由用人单位在考试合格者中选取;第四,被录用的公职人员需经过一定的试用期,经考核称职后才能转为正式的公职人员。

（4）公职人员的考核与晋升。对于经选举产生的集国家元首与行政首脑于一身的总统，对其监督的主要手段是代议机关的弹劾权，以及普通公民在下一次总统选举时以手中的选票决定他是否可连任总统的选举权。对经选举产生的议员，由于一般没有任期限制，可连选连任，享有选举权的公民也就成为数年一度的基本考核者。对于由任命产生的行政机关公职人员，原则上任命或提请任命的行政长官有权撤换或经适当程序撤换，因此，任命者对被任命的行政官员享有直接的考核权，对于尚有晋升空间的公职人员亦享有直接的晋升权。对于法官，虽不能撤换，但代议机关享有对行为不当或滥用审判权的法官的弹劾权。

由于在整个公职人员队伍中，事务类公职人员占绝大多数，而且，他（她）们实际上是执行国家行政职能的主体力量，因而对事务类公职人员进行科学的考评，并依其工作业绩予以公正地升降与奖罚，对于整个行政效率具有重大影响。从主要工业国的行政机关对事务性公职人员的管理实践看，一般都设有统一的管理机构，在各个部门亦设有专门的人事机构，前者对后者进行总的指导和协调，后者具体负责本部委事务类公职人员的管理。

4.3.4 运行机制

在工业时代，成熟工业社会的国家体制的运行机制是宪法框架下的权力机制、法律机制、国家意识形态机制的有机统一。

1. 宪法的实质

宪法作为政治总章程最早出现于英国。英国宪法的形式特征是不成文宪法，其构成包括成文的宪法性文件和宪法惯例。一般

第四章　国家能力的支撑结构

认为，英国的主要宪法性文件是 1689 生效的《权利法案》和 1701 生效的《王位继承法》。1688 年，代表土地贵族利益的托利党人与代表工商资本家利益的辉格党人联合发动政变，迎请荷兰执政威廉为英国国王。① 善于审时度势的威廉清醒地认识到，他之所以能登上英国的王位，源于托利党人与辉格党人的支持，而要坐稳王位，就不能背离他们邀请他到英国执掌王权的本意——保护他们自由、财产与宗教，如果在政治上走得太远而失去他们的支持，就可能引发新的政变，导致头上的王冠离他而去。当然，土地贵族与工商业资本家亦明白，他们还需要一位国王，但可以在国王不谋求专制的前提下保留国王的诸多特权。在这种情形下，

---

① 1688 年 6 月，英王詹姆斯二世后娶的信奉天主教的王后莫黛娜为他生下一个儿子。按照王位继承的惯例，新出生的王子对于王位的继承权优先于已为成人的玛丽公主。如果顺其自然，小王子将在天主教的直接影响下长大，英国未来的国王必为天主教徒。而一旦新君即位，英国可能会出现天主教的全面复辟，而一旦天主教恢复，土地贵族就得归还原来在宗教改革时期获得的教会财产，工商业资产阶级的利益也要受到威胁；但发动革命则会把英国推向流血和动乱，旧制度传统将会被打破，他们仍将失去财产、爵位和相应的特权。于是他们看中英王詹姆斯二世的长女玛丽公主之夫荷兰执政威廉，威廉既是斯图亚特王朝的亲戚，又是资本主义新教国家的首脑和法国的死敌，由他和玛丽来英国执掌王权，既在一定程度上符合当时欧洲国家和本国贵族世家所公认的近亲继承制，又能得到一个代表和维护他们利益的君主。威廉接到邀请后，欣然应允出兵，他之所以乐意入主英国，不仅因为他是詹姆斯二世的女婿，更重要的是可以借助英国强大的人力、物力和反法情绪对法作战。经过几个月的准备，1688 年 11 月 5 日，威廉带领一万多名步骑兵，横渡英吉利海峡，詹姆斯二世试图以武力反对威廉，但数万名英军不愿迎战，詹姆斯二世在威廉大军压境的情形下，匆忙外逃，随后，玛丽和威廉同登王位，由于玛丽一贯顺从其夫，很少过问政事，威廉实际上独掌王权。土地贵族与资产阶级联合发动的这场政变史称"光荣革命"。参见阎照祥：《英国政治制度史》人民出版社 1999 年版，第 194—195 页。

1689年2月，托利党议员与辉格党议员经协商通过了《权利宣言》，同年12月16日，《权利宣言》经威廉国王与玛丽女王共同签署生效，这就是《权利法案》。

《权利法案》确立了限制王权的13条规定。最主要的条款有：第1条：凡未经议会同意，以国王权威停止法律或停止法律实施之僭越权力为非法权力，即国王无权废止法律，保证议会的立法权。第4条：凡未经议会允许，借口国王特权，为国王征税，或供国王使用而征收金钱，超出议会准许的时间或方式者皆为非法，即保证议会在财政上对国王的限制和监督，使国王在财政上屈服于议会。第6条：除经议会同意外，平时在本王国内招募或维持常备军，皆属非法，即明确国王不得私自招募和维持军队，以防止国王拥有实行独裁统治的武装力量。第9条：议员在议会内有演说、辩论或议事之自由，议员不应在议会之外任何法庭或任何地方受到弹劾或讯问，即保障议员的政治权利和人身权利。①

1701年，议会通过《王位继承法》，规定英国王位不得传给天主教徒。其深远的意义在于确立了这样一个原则：议会可以议立新君，此法案还规定：凡非出生于英国者不得担任议员和政府官员；非经议会两院奏请，国王不得免除终身任职的法官的职务；国家的一切法律与条例非经议会通过，均属无效，从而使下院掌握了监督国王行政活动的权力。

诚然，《权利法案》与《王位继承法》的创制，为英国确立了立宪君主制，但英国的政治史表明，最重要的宪法惯例——由下院占多数席位的政党领袖组阁执政，内阁对民选的下议院而不

---

① 阎照祥：《英国政治制度史》，人民出版社1999年版，第202页。

是对国王负责,却是在立宪君主政体确立 100 多年后才产生的。美国学者罗威尔指出:1688 年政变后,"下议院逐渐把国王的权力纳入他自己的掌握之中,可是它虽然这样做,却没有严重地削弱国王在法律上的权力。所以国王在法律上仍旧具有他的前辈们所具有的特征"①。直到 19 世纪 30 年代,英国工业革命接近尾声,工业资产阶级在经济力量上日益取得相对于大土地贵族的优势地位,催生了 1832 年第一次议会选举改革,为工业资产阶级的代表打开了议会大门,促使议会中的两大派别——托利党与辉格党向现代政党转化,责任内阁制的宪法惯例的形成才迈出实质性步伐。"1832 年之前的英国内阁制宛如一辆缺少御手的马车,时而疾驰,时而缓行,间或倒退,历时一个多世纪,政府对议会负责的责任内阁制始终没有确立。第一次议会改革之后,王权迅速削弱,内阁对议会的依赖性增强,仅仅数十年英国出现了'虚君政治'。"②英国不成文宪法的生成过程表明:宪法是生产方式中居于支配地位的统治阶级凭借其阶级力量确立的国家政权的组织大纲,反过来,这个组织大纲又成为这个阶级掌握国家政权的法理依据和行动准则。

如果说对于英国宪法的历史解读尚不足以清楚地揭示宪法的实质,那么,进一步考察世界上第一部成文宪法——美国宪法的创制过程,我们则可相当明了地看清宪法的实质。

1878 年 5 月,实行邦联制的美国的 13 个州中的 12 个(罗得岛州拒派代表)的 55 名代表在费城举行制宪会议,参会的 55 名代表实际上是当时美国建国一代的主要精英,华盛顿为会议主席。

---

① [美]罗威尔:《英国政府·中央政府之部》,秋水译,上海人民出版社 1959 年版,第 2 页。
② 阎照祥:《英国政治制度史》,人民出版社 1999 年版,第 307 页。

参会代表中，有 21 人毕业于美国著名大学，7 人曾留学英国主修过法律和政治学；有 2 人为天主教徒，14 人未参加任何教会，其余都是新教徒；大多数代表有从政经验并享有盛名，8 人曾在《独立宣言》上签字，7 人曾任总督或州长，46 人曾任殖民地和州议会议员，42 人是大陆会议代表，14 人当过法官；一半以上的代表是律师；代表们全是沿海地区的有产者，11 人从事航运和制造业，6 人是金融家，9 人是种植园主，4 人是医生，4 人是政府官员，15 人是奴隶主，40 人拥有政府证券。代表中无一人是农民、小农场主、手工业者或其他劳动者。① 美国《宪法》序言对制宪的宗旨作了说明："我们合众国人民，为建立更完善的联邦，树立正义，保障国内安宁，提供共同防务，促进公共福利，并使我们自己和后代得享自由的幸福，特为美利坚合众国制订本宪法。"美国宪法共 7 条，第一条规定了联邦立法机关（参众两院）的组织与权力；第二条规定了行政机关的总统的权力性质、范围、内容、职责；第三条规定了司法机关（联邦法院）的组织与权力；第四条规定了各州之间的关系；第五条规定了宪法修正程序；第六条规定了全国性法律至上；第七条是关于批准的规定。另外，1791 年全国性的《权利法案》获得通过，并随着弗吉尼亚同意批准这 10 项修正案而成为宪法的一部分。对于美国宪法实质的剖析，我们不能仅限于条文，美国宪法的序言所言的制宪宗旨背后尚有一个根本的隐蔽主题。其实，从前面提到的各州选派的参与制宪会议的代表的共同社会身份（有产者）上，是不难推知的。不过，在指出这一隐蔽主题之前，我们有必要先看看《联邦党人文集》

---

① 李道揆：《美国政府和美国政治》（上册），商务印书馆，第 16 页。

第四章 国家能力的支撑结构

的作者是怎么说的,因为《联邦党人文集》通常被认为"是对沿用至今的美利坚合众国宪法和联邦政府所依据的原则的精辟说明。美国最高法院曾把它作为宪法的来源加以引证。美国一般律师也有这种看法。曾任首席法官的马歇尔说:'其实质的优点使它具有这种崇高的地位'"①。

麦迪逊在《联邦党人文集》第十篇阐释道:"人的才能是多种多样的,因而就有财产权的产生,这种多样性对于达到利益一致来说,不亚于一种无法排除的障碍。保护这些才能是政府的首要目的,由于保护了获得财产的各种不同才能,立刻就会产生不同程度的和各种各样的财产占有情况,而由于这一切对财产所有人的感情和见解的影响,从而使社会划分成不同利益集团和党派。……造成党争的最普遍而持久的原因,是财产分配的不同和不平等,有产者和无产者在社会上总会形成不同的利益集团,债权人和债务人也有同样的区别。土地占有者集团、制造业集团、商人集团、金融业集团和许多较小的集团,在文明国家里必然会形成,从而使他们划分为不同的阶级(层),受到不同情感和见解的支配。管理这各种各样、又互不相容的利益集团,是现代立法的主要任务……党争的原因不能排除,只有用控制其结果的方法才能求得解决……我们所要探究的大题目就是保护公益和私人权利免遭这种党争的威胁,同时保护民众政府的精神和形式。"在麦迪逊看来,实现政府的首要目的和立法的主要任务的途径,一是代议制,二是联邦制。② 借用美国已故历史学家查尔斯·比尔德所著的

---

① [美]汉密尔顿、杰伊、麦迪逊:《联邦党人文集》,程逢如等译,商务印书馆1980年版,译者出版说明。
② 同上,第46—51页。

《美国宪法的经济观》一书的话讲，麦迪逊的这篇文章是对美国宪法经济基础的哲学阐释：有产者制宪的最深层动机，是寻求建立一个能够保护他们的财产的强大政府。① 也就是说，美国宪法的隐蔽主题在于保护经济上的统治阶级的私有财产权。而具有不凡的政治经验与远见卓识的制宪者们显然深知，他们所谋求的能够保护他们财产的政府，是强而有力又受经济上的统治阶级控制的政府。软弱的政府固然"不能保卫社会免遭外国的进攻"，"不能保证稳定地执行法律"，"不能保障财产以抵制联合起来破坏正常司法的巧取与豪夺，不能保障自由以抵制野心家、帮派、无政府状态的暗箭与明枪"②；强而有力但不受经济上的统治阶级控制的政府，亦是危害他们财产、自由、生命的祸患，将使他们置身于暴政之下。因而，美国宪法确立了主权在民、有限政府、代议制、分权制衡、法治、联邦制等美国政治的基本原则与规范。

归结起来，美国宪法确立了两条相互关联的行动路线。第一条行动路线：人民依据宪法定期选举总统和议员，使民选的总统和议员受到选民的监督，任何人均以获得人民的投票认可，作为获得总统职位与议员职位的唯一途径；第二条行动路线：立法机关、行政机关、司法机关依据宪法实行权力分立与相互制衡，在防止立法、行政、司法暴虐的同时，使立法机关、行政机关、司法机关各司其职，履行所承担的对社会的统治与管理职能。这两种行动路线都以宪法为总依据，宪法的权威则由这两种行动路线

---

① Clarles A. Beard, *An Economic Interpretation of the Constitution of the United States*, New York: Free Press, 1986.
② ［美］汉密尔顿、杰伊、麦迪逊：《联邦党人文集》，程逢如等译，商务印书馆1980年版，第356页。

的有机结合与良性互动得以维持和巩固,宪法的权威得以维持和巩固,也就意味着经济上的统治阶级凭借其阶级力量程式化地表达于宪法中的本阶级最普遍的意志和最根本的利益得以维持和巩固。

2. 宪法框架下的权力机制

(1) 统治阶级通过政党组织选举,将公民的选举权转化为统治阶级的阶级权力,形成对国家主要公职人员制度化的制约与驱动力

在宪法权威确立之后,政党产生之前,统治阶级通常以财产限制剥夺占社会成员大多数的贫穷者的选民资格,来达到既通过选举实现对主要公职人员予以制度化的制约与驱动,又实现代表本阶级整体利益的总统或议员候选人在选举中获胜这样一个双重目的。例如,英国第一次议会选举改革前,2400万居民中,仅有40万人享有选举权,约占成年选民的3%;1832年第一次议会改革扩大了选民范围,但财产限制仍然保留着,规定地主或房主年收入10镑者、租地经营达50镑者才有选举权,选民在全国成年居民中的比例约为8%。[①] 美国宪法批准时,按各州的规定,只有拥有财产或纳税的白人成年男子才有选举权,[②] 随着对选民资格的财产限制的放松,全国性政党亦开始出现,财产限制取消,政党亦已成熟。在当今,先进工业国并不存在党禁,生产方式中处于被支配地位的相对贫穷的阶级是否能够通过组织政党赢得选举,上台执政进而对经济上的统治阶级的根本利益造成威胁呢?的确,富有者是少数,在1人1票的选举中,似乎选举会对他们的根本

---

① 阎照祥:《英国政治制度史》,人民出版社1999年版,第285、第292页。
② 李道揆:《美国政府和美国政治》(上册),商务印书馆1999年版,第207页。

利益带来危险。然而从主要资本主义国家的发展轨迹来看，统治阶级的根本利益并不会因此受到太大影响。

  一种生产方式取代另一种生产方式是以新的生产方式比旧的生产方式蕴含着更高的生产效率为历史大前提的，否则，就意味着社会物质水平的普遍下降。"只有在社会生产力发展到一定程度，发展到甚至对我们现代条件来说也是很高的程度，才有可能把生产提高到这样的水平，以致使得阶级差别的消除成为真正的进步，使得这种消除可以持续下去，并且不致在社会的生产方式中引起停滞或甚至倒退。"① "如果我们在现在这样的社会中没有发现隐蔽地存在着无阶级社会所必需的物质生产条件和与之相适应的交往关系，那么一切炸毁的尝试都是唐·吉诃德的荒唐行为。"② "只要生产的规模还没有达到不仅可以满足所有人的需要，而且还有剩余产品去增加社会资本和进一步发展生产力，就总会有支配社会生产力的统治阶级和贫穷的被压迫阶级。"③ 英国工党的政治行为模式是一个有代表性的实例。以工人阶级为社会基础而崛起的英国工党曾数次赢得下院多数议席而组阁执政，虽试图压缩私有制的经济空间，但从根本上讲，仍是以维护既存生产方式的正常进行为执政总特征的，在本质上仍然是资产阶级的政党。1979年后，保守党连续执政。1994年布莱尔被选为工党领袖，在次年的工党特别大会上，布莱尔敦促工党放弃坚持了70多年的公有制国有化政策，修改《工党党章》第四条，将工党目标改为"建立多数人享有权利、财富和机会的社会"。1997年5月，工党

---

① 《马克思恩格斯选集》第3卷，人民出版社1995年版，第273页。
② 《马克思恩格斯全集》第46卷上，人民出版社1979年版，第105页。
③ 《马克思恩格斯选集》第1卷，人民出版社1995年版，第238页。

获得下院659个议席中的419席,创下"二战"后历次大选中的最高得票率。因此,在生产方式仍活力旺盛的情形下,经济上的统治阶级将本阶级的力量凝结为全国性政党,以选举制约、驱动国家主要公职人员,要害不在于提防生产方式中的被统治阶级取得政权,而在于形成稳定的统治阶级内部的政党格局,在宪法框架下,以维护和促进本阶级根本利益为核心的整个社会利益为目的,形成竞争性共识和共识性竞争,选举出真正的优秀人物,担当国家领导重任,并监督、激励他们恪尽职守,开创新的局面。

(2) 国家内部的权力调控机制

国家内部的权力调控机制包括国家机关之间横向的权力调控机制以及国家行政机关内部的权力调控机制。这两种机制在议会制的国家与总统制国家各有特点。在英国,由于负责组阁执政者是获得下院多数席位的政党领袖,立法机关与行政机关之间并不存在严格的制约关系,司法机关也不存在对议会立法的违宪审查权。不过,在下院占少数议席的反对党虽无力阻止内阁提出的议案获得通过,但英国两党制中的"反对党实质上是政府体制(广义)内的政党"[1]。反对党组织"影子内阁",随时准备上台执政,执政党领袖(内阁首相)为保住自己的执政地位,便不得不保持警醒,尽量避免弊政败绩。"一个强大的反对党使政府强大。"[2]英国国家行政机关实行内阁责任制,首相领导、指挥、协调整个国家行政机关的运转,首相对各行政部门首长(大臣)是有实质性的任免权的,首相辞职或去世,各部门行政长官亦随之

---

[1] 曹沛霖、徐宗士主编:《比较政府体制》,复旦大学出版社1993年版,第52页。
[2] Alan Beattie, *English Parties*, *Documents and Commentary*, 1660–1906, Vol. 1, London, 1970, p.126.

提出辞呈，首相和大臣共同对国家行政机关的政策和行为负责。部门大臣有权对其责任范围内的事务作出决定，但任何决定都必须与内阁的总政策保持一致，大臣对本部门的工作负有个人责任。

在美国，国家的立法权、行政权、司法权分别由国会、总统、联邦法院行使，但三者都拥有对其他两个机关的牵制与监督的宪法权力。立法权属于国会（参众两院亦有制约关系），总统享有对国会立法的否决权，但国会参众两院以2/3的多数重新通过议案，则总统对议会立法的否决被推翻。行政权属于总统，总统负责使法律得到切实执行，行政机构的设置和所需的经费由国会以法律的形式批准，总统任命高级官员须经参议院同意，总统享有立法倡议权；国会有权检查总统领导的行政机关执行法律的情况、经费使用和官员行为。司法权属于联邦法院，联邦法院的法官由总统提名，经参议院同意后由总统任命，最高法院的法官人数和低级联邦法院的设立由国会决定；最高法院拥有通过具体案件审理对国会的法律和行政机关的行政行为的合宪性裁决权，即司法审查权。国会有对行为不当或滥用职权的总统、其他行政官员、联邦法官进行弹劾的权力。行政机关实行总统负责制，总统（经参议院同意）任命整个行政系统的高级官员，并拥有随时将所任命的官员免职的权力（独立管制委员会官员除外），各行政部、独立行政机构，独立监管机构的长官在总统领导下负责各自主管的部门工作并承担责任。另外，无论是英国，还是美国或其他主要西方国家，对于供职于行政机关的不随执政党更替而波动、职务常任的事务性公职人员与上下级和同级间的职权、职责关系均有明确的规定，从而在整个行政系统内部形成较为严密的以行政权的配置为主线的监控网络。

3. 法律机制

当生产方式中居于支配地位的统治阶级凭借自己的组织与行动力量推倒专制君主制而上升为真正的政治上的统治阶级,以宪法作为国家的政治总章程,法律机制也就相应地发生了质的变化。在此前,法律在君主之下,君主不受法律的约束,相反,法律受君主的左右,法律机制的功用在于确立君主专制之下的"法制";在此后,法律在宪法之下,宪法的至高无上性否定了任何个人具有超越以宪法为母法的法律之上的特权,法律机制的功用在于形成宪法框架下的"法治"。具体言之,以宪法为母法的法律机制包括四个基本环节:(1)宪法确立国家政权的组织与活动的基本规范和公民的基本权利和义务,是国家的根本大法,具有最高法律地位和效力;(2)国家立法机关以宪法为依据,根据国家履行职能的实际需要,按照法定程序制定、修改、废止法律规范,确保国家法律体系在动态上的统一性、协调性与完备性;(3)国家行政机关依法行使行政职权、担负行政职责、履行行政职能,依法受到立法机关、司法机关的监督,行政相对人依法享有提起行政复议、行政诉讼及获得行政赔偿、行政补偿的权利;(4)司法机关独立行使审判权,依法审理刑事、民事、行政案件,在查明案件事实的基础上作出裁决,体现法律的价值与权威。

4. 意识形态机制

经济上的统治阶级凭借自己的组织与行动力量成为真正的政治上的统治阶级后,他们不仅以宪法确立国家的政治总章程,以宪法为法律的母法,而且将本阶级的意识形态浓缩到宪法中,使之上升为国家意识形态,具体言之,主要包括两个大的方面:(1)市场精神,即保护私有财产、维护自由竞争、保障契约履行。例如美国《宪法》规定:"无论何人……不经正当法律程序,不得被剥夺生命、自由或财产。不给予公平赔偿,私有财产不得充作公用。"(第五修正案)"任何一州都不得……通过任何……损害契约义务的法律。"(第一条第十款)(2)民主与法治理念,前文已有较多阐释,在此不再赘述。当然,正如宪法规定总统由选举产生需通过政党组织选举来实现,宪法所体现的国家意识形态还需通过意识形态的社会化,沉积到公职人员的心里,形成以市场精神、民主法治理念为内核的政治信仰、态度、感情及价值取向,继而指导、调节其执行公务的行为,意识形态机制才能较好地发挥作用。

总的来讲,工业时代成熟的工业社会的国家体制以立宪主义为其基本特质,宪法作为政治总章程、法律的母法、高度抽象的国家意识形态的有机统一。生产方式中处于支配地位的统治阶级凭借自己的意识形态力量和组织与行动力量而成为真正的政治上的统治阶级,是宪法得以产生的总前提,宪法在本质上是统治阶级意志与力量的凝结。统治阶级通过组建政党组织公民行使宪法赋予的选举权,以民主方式产生国家机关的关键公职人员,实现担任国家最高公职及主要公职者按照选民的定期授权行使与交接权力,是立宪国家体制的核心基石。"高层官员由公民选举产生,而且,公民还可以在以后的选举中把他们撤换掉,这样,借助选举,官员不得不多多少少担负一些责任,这么一种办法,虽然远没有尽善尽美,但却是唯一可行的办法。"①在这一核心基石之上,从实践层面确立宪法规定的立法、行政、司法相互制约、相互监

---

① [美]罗伯特·达尔:《论民主》,李柏光、林猛译,商务印书馆1999年版,第102页。

第四章 国家能力的支撑结构

督、相互配合的国家权力配置模式及相应的机构设置、人员配备、运行机制,将使供职于分权制衡的国家机关的公职人员在权责分明的工作岗位依法行使职权、履行职责,在宪法框架下形成远比前工业时代更高质量的国家体制。

在立宪的国家体制中,由于蕴涵着统治阶级与公职人员阶层层持续的支持性互动的正式制度渠道与实践机制,由于国家政权系统内部的调控网络不存在人为的禁区,因而国家体制与生产方式之间能够形成稳定的相互支持的互动关系。对于生产方式中处于从属地位(被剥削地位)的阶级而言,若国家维护生产方式的正常进行,则相对于处于支配地位的统治阶级获益较少;但若国家未能维护生产方式的正常进行,则包括处于从属地位的阶级在内的整个社会无疑都将普遍受损,可见,生产方式中的从属阶级的普遍利益同样立基于国家维护生产方式的正常进行。因而,在成熟的工业社会,同样可以作为一个阶级来行动的经济上的被统治阶级,在理性上不是盲目与国家政权相对抗,不是为生产方式的正常进行设置障碍;相反,他们与统治阶级一样,力求监督、驱动国家公职人员依法正当行使职权、履行职责、维护生产方式的正常进行。著名的西方马克思主义政治学家密里本德指出:"作为经济上和社会制度的资本主义恰恰由于它自身的存在程度,在本质上倾向于在从属阶级中同时也在其他阶级中产生合法化的条件……一个简单但又重要的事实是,附属身份不总是但却常常造成对资本主义的有条件接受而不是完全排斥……工人阶级家庭倾向于用各种方式使自己的孩子与自己的附属地位相协调……他们(工人阶级——引者注)试图说服自己的孩子,成功的途径不是与他们寻求进入的世界的价值观、偏见和思想方式相对抗。而是和它们取得一致。"① 也就是说，稳定的支持性互动的国家体制与生产方式不可避免地会映入、渗透到国民的精神世界。加之国家为了有效地统治与管理社会，统治阶级为了维护其普遍利益，将能动地运用其所掌握的各种媒介传播与国家体制和生产方式相呼应的理论、观念、信仰、情感、态度，使之社会化与再社会化，从而建立起社会的政治—经济共识，并在国民的心里内化，积淀为相应的新文化传统，进而形成工业时代的国家能力的支撑结构——立宪的国家体制、机器大工业与市场经济相结合的生产方式、以民主—法治理念和市场精神为内核的文化传统相互支持的互动结构。由于统治阶级的组织与行动力量与国家机关之间的分权制衡形成的调控力量相结合的双重防护，能有效地阻止国家体制因执政者的不良而发生畸变的危险，故而工业时代成熟的工业社会的国家对于社会的统治与管理，能摆脱前工业时代那种在最好的情形下也必然发生的治乱循环，拥有持续有效地对社会实施统治与管理的能力。

至于工业时代国家应对他国竞争与挑战的能力，则不仅取决于目前支撑国家能力的结构的质量，而且与其以往的国家能力的支撑结构的质量具有重大的历史关联，这种关联主要体现在国家基于能力的支撑结构而在历史的进程中以力量为后盾扩展、巩固、维持并最终传承下来的疆域——国土面积。国土面积与相应的人口数量构成一个国家所统辖社会的规模，国土面积制约着可承载的人口数量。国家所统辖的社会规模和社会的生产力发展水平最终决定着国家可从社会积聚的资源的多寡，决定着由源于社会产

---

① ［英］拉夫尔·密里本德：《资本主义社会的国家》，沈汉等译，商务印书馆1997年版，第262—264页。

生的资源转化而来的国家应对他国的竞争与挑战的力量的大小。在当今,一个国家试图以吞并他国领土来扩展疆域,即使不是绝无可能,也是极为困难,生产力的发展前景虽然无限广阔,但对于国土面积狭小的国家而言,无论怎样优化国家能力的支撑结构,都不可能单凭生产力的先进性而拥有由社会规模与生产力发展水平共同决定的相对资源优势及由此获得的相对力量优势。"现在,只有那些具有洲际国土规模的国家,才能在大国层次上进行竞争。"① "20 世纪及其后世界强国的规模条件"是"与广义的技术条件同等重要却更为难得的一个条件。所谓更难得,既是指一个巨大的民族共同体的萌生、形成、和发展需要经历多个世纪才能完成……也是指能够具备这样的规模条件的国家必然寥寥无几……中国以及当代美国以外的其他一两个'洲级大国'成为未来世界强国的首要可能性或终级依据就在于此。"② 当然,无论一个国家所统辖的社会规模多么庞大,如果未能构建起工业时代高质量的国家能力的支撑结构,它不过只是一个放大了的弱国或即使一度依靠非常手段成为强国,也无法持续地拥有强大的能力而必然从强国的宝座跌落。近代饱受欺侮的中国是前者的实例,20 世纪骤兴骤亡的苏联是后者的实例。

---

① [美] 肯尼思·华尔兹:《国际政治理论》,信强译,上海人民出版社 2003 年版,第 196 页。
② 时殷弘:《国际政治与国家方略》,北京大学出版社 2006 年版,第 73—74 页。

第五章　国家能力的发展机理

5.1　国家能力发展的一般机理

国家能力发展本质上是国家能力的支撑结构向更高层次的演进。国家能力发展的基本环节包括：（1）创建国家政权，关键的步骤是领导力量与意愿的形成，所要解决的核心问题是建立中央政府这一特定的组织实体；（2）确立初步的国家体制，即确立国家政治实体初步的制度架构、机构设置、人员配置及运行机制；（3）扩展社会规模与发展社会生产力；（4）将生产方式中居于支配地位的统治阶级的力量制度化地融入国家体制，使之与国家政权内部的调控力量有机地结合起来，建立起统治阶级与公职人员阶层支持性互动的桥梁，完善国家体制的要素及要素的组合，形成国家体制与生产方式相互支持的互动关系；（5）构建国家体制、生产方式、文化传统相互支持的互动结构；（6）改进国家体制、生产方式、文化传统相互支持的互动结构，实现国家能力的持续发展。

国家能力发展的最大复杂性在于：国家有效实施对社会的统治与管理的能力是由国家体制、生产方式、文化传统相互支持的互动结构支撑的。国家体制、生产方式、文化传统相互支持的另一面，是彼此的相互固守，这种相互固守内在地制约着国家能力的支撑结构向更高层次演进，相应地，制约着国家能力向更高层次发展。当甲国家基于国家体制、生产方式、文化传统相互支持的互动结构的支撑，不仅拥有有效实施对社会的统治与管理的能力，而且拥有有效应对他国的竞争与挑战的能力而成为强大的国家时，甲国家在国际竞争与挑战中所处的主动态势将进一步强化现存国家体制、生产方式、文化传统的相互固守。而其他在国际竞争与挑战中处于不利境地却不甘沉沦的国家则将利用外在的压力设法调整其国家体制、生产方式、文化传统的现存互动结构，以激励生产力加速发展，并随着生产力的发展推进国家体制、生产方式、文化传统相互支持的互动结构向更高层次演进。如果甲国家对国家体制、生产方式、文化传统相互支持的互动结构的改进落后于其他国家的步伐，由其所统辖社会的生产力水平、社会规模决定的相对于他国的资源的比较优势将迟早不复存在，其强国地位便将为新的拥有更强大能力的他国所取代。

国家是与疆域内社会和国际体系中他国互相作用的历史进程中的国家，国家能力发展既是在历史提供的机遇中，又是在历史设定限制的场景中展开的。因此，对于国家能力发展的机理解析，我们需要历史地具体地从国家与疆域内社会和国际体系中他国相互作用的复合关系中，揭示成就国家拥有强大能力的国家体制、生产方式、文化传统相互支持的互动结构何以形成，及其滞后导致国家失去强大能力的成因，成就新强国所拥有的更强大能力的支撑结构演生的动力、条件与过程，从而在历史变迁的大脉络中对国家能力发展的一般机理予以深层次把握。

5.1.1 前工业时代国家能力的发展机理

由于地理的阻隔，前工业时代能力强大的国家通常是一定区域范围内的强国。从某一时点看，往往有若干区域性强国并存于世。但如果我们从前工业时代数千年国家兴衰史的长时段观察，则不难发现，中国是前工业时代罕见的长期拥有强大能力的国家。在世界的其他区域，也曾先后涌现过众多的强国，但它们都没有经受住时间的考验，就如古希腊历史学家希罗多德总结希腊城邦的兴衰所言，"好景从来不长"[①]。

在前工业时代，生产力水平低下且发展极为缓慢，各国所统辖社会的生产力发展水平并无显著的差距，国家间的竞争与挑战直接地表现为以冷兵器为军事装备的武力拼斗。一个国家在前工业时代能否长期拥有有效应对他国竞争与挑战的能力，关键在于这个国家能否长期维持所统辖社会的规模（人口、国土面积），具有相对于他国（邻国）所统辖社会的规模的比较优势，这决定着该国积聚的资源在与他国（邻国）积聚的资源的对比中能否长期占据优势地位。国家所统辖社会的相对规模优势的形成，离不开运用武力开拓疆土，但一个国家要实现所统辖社会的规模长期具有相对于他国（邻国）的比较优势，最为根本的，是几乎在创立统辖庞大疆域的强有力的中央集权政府的同时，在疆域内形成

---

① 转引自［美］曼库尔·奥尔森：《国家兴衰探源》，吕应中等译，商务印书馆1993年版，第4页。

第五章 国家能力的发展机理

一体化的国家体制、生产方式、文化传统相互支持的互动结构。这是一个将既存的国家体制、生产方式、文化传统相互支持的互动结构向所扩展的地域移植,与基于社会规模的扩大又对既存国家体制、生产方式、文化传统相互支持的互动结构进行创造性改进的双向构建过程。完成此双向构建,国家才能对扩大了规模的社会实施有效的统治与管理,才能使社会凝聚为一个有机的整体而避免内部的分裂,才能凭借从社会积聚的庞大资源有效抗击他国的掠夺与侵占,使所统辖社会的相对规模优势得以长久保持。

中国之所以在前工业时代长期拥有强大的国家能力,最重要的原因就在于:中国成功地实现了扩展社会规模与在辽阔的疆域构建起中央集权的国家体制、生产方式、文化传统相互支持的互动结构的动态融合,而在发生这种质的跃升之前已有着相当厚实的历史积淀,以至于中国先祖们伟大的历史创造近乎于一种自然的生成。

中国辽阔的基本疆域奠定于秦汉。早在原始社会晚期,活动于黄河中游的夏人部落即与活动于黄河下游的夷人部落交相融合,形成了夏人部落联盟,后又与活动于江汉流域及其以南地区的苗蛮部落集团频繁交往,使华夏部落集团不断扩大,为汇聚成中国的主体民族——汉族,埋下了深厚的历史机缘。公元前21世纪,第一个国家政权——夏诞生于中原黄河流域。在商代,商王既自称"余一人",又采取"各守尔典"[①]的不干涉各诸侯国内部事务的政策,维持了中原数百年的统一。西周初年,周公成为周朝各项制度的实际制定者,提出了"尊王、敬德、保民、慎罚"的政治观。春秋时,华夏文明圈的扩展明显加快,如楚国在西周末年

---

① 《尚书·汤诰》。

尚称自己为"蛮夷",到了春秋末年则已自居为"华夏"。① 战国时期,各诸侯国进一步加深了交流,并进行了相似的经济、政治变革。因此,秦国于公元前 221 年统一六国,秦始皇在空前广袤的疆域创建大一统的中央集权国家,确立以皇权为核心的官僚国家体制,推行法律、度量衡、货币、文字、历法的统一,并没有遇到太大的阻力。由于大一统的中央政权初创,尚缺乏必要的治理经验,秦王朝未能完成支撑国家有效统治与管理庞大规模社会的国家体制、生产方式、文化传统相互支持的互动结构的构建。汉承秦制,并总结秦亡的教训,至汉武帝"罢黜百家,独尊儒术",将反映小农经济生产方式的一般政治要求的儒家学说②上升

---

① 周逸麟:《中国历史地理概述》,上海教育出版社 2005 年版,第 91 页。
② 儒学最先表现为由孔子总结、提炼的一种政治伦理学说,经孟子、荀子等多代精英人物加工、完善、鼓吹、传播,逐渐成为小农经济的生产方式中居于支配地位的统治阶级所广泛认同的思想体系,继而化为统治阶级的意识形态。孔子政治伦理学说的基本范畴是"礼"与"仁"。所谓"礼"即"君君,臣臣,父父,子子"。其要旨是贵贱有等、上下有序、各安其位的社会理想秩序。"仁"是行为准则与价值观,是达成礼的方法与途径,"克己复礼,为仁"。克己包括修己、自我约束、自戒、自讼、自省、自责。克己用于人与人的关系,从积极的方面说即"己欲立而立人,己欲达而达人";从消极的方面说即"己所不欲,勿施于人"。但"富与贵,是人之欲也","贫与贱,是人之所恶也",孔子指出,对于前者,"不以其道得之,不处也";对于后者,"不以其道得之,不去也"。所谓"道",是指符合礼的规定,又不至于由礼所分的贵贱、上下、等级走向对立的动态平衡,"礼之用,和为贵。先王之道,斯为美。"德治,既是孔子所创儒学的出发点,也是其归宿点。"道之以政,齐之以刑,民免而无耻;道之以德,齐之以礼,民有耻且格。""政者,正也,子帅以正,孰敢不正?""其身正,不令而行,其身不正,虽令不从。"对于政治中的核心问题——君与臣的关系,孔子不是单就君臣而论君臣,而是立基于礼与仁的全局关系,从"有道"与"无道"的高度看待君与臣。臣子应"以道事君",而不是一味盲从,道高于君。君有道,"君使臣以礼",则"臣事君以忠";君无道,则从道不从君,"邦有道则仕,邦无道则可卷而怀之。""不义富而且贵,于我如浮云。"(引文均出自《论语》)

第五章 国家能力的发展机理

为国家意识形态,由此,以德治相配合的皇权专制下的官僚国家体制、小农经济生产方式、儒家学说为内核的文化传统相互支持的互动结构得以初步形成。

农业作为"整个古代世界的决定性的生产部门"①,土地是最重要的生产资料,谁控制了土地,谁就在生产方式中处于支配地位。以铁制农具为主要标志的生产力水平决定了以个体家庭为生产单位的"小块土地经营是一种最有效的经营方式"②。在以德治相配合的皇权专制下的官僚国家体制、小农经济的生产方式、儒家学说为内核的文化传统相互支持的互动结构中,皇帝既是国家政权的最高执掌者,又是土地的最高所有者,"六合之内,皇帝之土"③,是地主阶级的总代表。农民与地主的关系在本质上被归结为"民"与"君"的关系,农民与实际大地产占有者(皇亲国戚、官僚、富豪等)的关系不过是"民"与"君"关系的中间环节。一方面,至上的皇权使自耕农为主体的小农经济得到国家权威的确认;另一方面,以自耕农为主体的有效率的小农经济构成国家财源和兵源的"国本"。但小农经济自身是脆弱的,为了"本固邦宁",执掌国家政权的皇帝及其重臣们在理性上总是力图运用国家政权的力量打击豪强,抑制土地兼并,兴修水利,赈济灾荒,维护庞大而脆弱的小农群体的稳定。为达此目标,完善官僚系统与整顿吏治便内在地成为皇权专制下的官僚政治的"日常功课"。由于"小农的政治影响表现为行政权支配社会"④,皇权

---

① 《马克思恩格斯选集》第 4 卷,人民出版社 1995 年版,第 149 页。
② 高德步:《世界经济通史》(上卷),高等教育出版社 2005 年版,第 201 页。
③ 《史记·秦始皇本纪》。
④ 《马克思恩格斯选集》第 1 卷,人民出版社 1995 年版,第 678 页。

专制下的官僚政治对小农经济的维护，反过来又使皇权专制下的官僚政治进一步巩固。而儒家学说的天道观、大一统思想、纲常伦理教义，于君主，则以仁德缓解皇权专制的暴虐之气；于官吏，则化作普遍的政治伦理与忠君尽职的流行官德；于人民，则在潜移默化中增强内聚力和认同感。

中国秦汉王朝在华夏久远而厚实的历史积淀上，因地、因时发挥历史创造力，在辽阔的疆域构建起以德治相配合的皇权专制下的官僚国家体制、小农经济的生产方式、儒家学说的文化传统相互支持的互动结构，如前所述，中国王朝政府以这一互动结构为支撑，将数以千万计的分散小农聚合为井然有序的稳固共同体，对内有效地统治与管理庞大规模的社会，对外凭借从庞大规模的社会积聚的雄厚财力和充裕人力有效地应对他国的武力竞争与挑战。当皇帝昏庸、吏治腐败、自耕农流离失所，则爆发席卷全国的农民起义，在农民起义的烽火中，旧皇权消亡，新皇权继起，通过改朝换代，以德治相配合的皇权专制下的官僚国家体制得以恢复常态，其与小农经济的生产方式、儒家学说的文化传统相互支持的互动结构得以修复。而在此关头如果遭受外敌入侵，由于这一互动结构对于中国大一统所具有的客观绩效及历史的传承已使之内化为以汉族为主体的中华民族的特殊素质，外敌可以趁中国处于困顿之际入侵，但并不能在中国的疆域确立起入侵者的国家体制、生产方式、文化传统相互支持的互动结构，而入侵者本土所能提供的资源却至多只可在极短期限内支持其对如此辽阔的疆域和众多的人口实施统治与管理，其结果只能是，入侵者要么在中国作短时的逗留而被驱逐，要么被同化，中国不可逆转地复归强大。反观前工业时代世界上的其他区域性强国，虽也曾极大地推进版图的扩展,但它们或者由于文明的积淀不够,或者由于历史的创造力不足,或者二者兼而有之,未能像中国那样在辽阔疆域构建起适合前工业时代的国家体制、生产方式、文化传统相互支持的互动结构。国家能力支撑结构的缺失决定了它们在前工业时代无法像中国那样顽强地经受住来自内外的剧烈震荡,它们可一时称雄而不可长期兴盛,往往随着一个王朝的结束或外敌的入侵,整个社会顿时分崩离析,再难重现往日的荣光。

然而,历史不会永远停留在前工业时代,中国也不会因为构建起以德治相配合的皇权专制下的官僚国家体制、小农经济的生产方式、儒家学说的文化传统相互支持的互动结构而一直拥有强大的能力。这个支撑结构在使前工业时代的中国顽强地经受住来自内外的剧烈震荡的同时,其本身也日益超稳定化,导致突破小农经济生产关系的新生产力的发展受到超稳定结构的全方位抑制,从而严重地阻遏新的更高层次的国家能力的支撑结构的演生。而前工业时代能力虚弱的国家,生产力的发展所受的结构束缚相对较小,在内外双重压力的驱使下,其中的某国或某些国家借助特定的历史条件,将会领先于中国形成更高层次的国家体制、生产方式、文化传统相互支持的互动结构,以先进的生产力的优势抵消中国的社会规模优势而在国际竞争与挑战中拥有更强大的的力量。这样,在新旧时代交替的历史时段,中国便不可避免地遭遇前所未有的国家能力危机。这正是中国在前工业时代长期拥有强大能力的深层隐患。

5.1.2 近代西方工业国家兴起的成因与工业时代国家能力发展机理概说

公元前8世纪,希腊城邦国家的诞生翻开了欧洲国家文明史的第一页。古希腊人进行了早期的民主尝试,但并未结束各城邦间的纷争，形成统一的希腊国家。"在外部征服者到来之前，希腊就已开始了衰败。"① 稍后，罗马在意大利半岛立国，通过爆发性的军事扩张，迅速膨胀为地跨欧、亚、非的大帝国。但"即使在最贤明的皇帝统治时期，帝国也没有使农村地区的勤劳、勇敢、坚强的自耕农阶层得到恢复，自耕农曾是意大利繁荣的基础，以他们为主体的罗马军团是罗马权力的基石"②；更谈不上在所开辟的庞大疆域构建起国家体制、生产方式、文化传统相互支持的互动结构，在罗马帝国存续的4个世纪中，"繁荣昌盛的日子合在一起还不到两个世纪，剩下的就是两个世纪的混乱和分裂"③。公元476年，飘摇的罗马帝国为"日耳曼蛮族"所灭。由于日耳曼人正处在原始公社解体阶段，他们不可能开创出新的大一统国家政权，但又"必须设置一种代替物来代替罗马国家，以领导起初大都还继续存在的罗马地方行政机关……于是军事首长的权力转变为王权的时机到来了，这一转变发生了"④。罗马帝国的废墟上出现了一系列的"蛮族王国"。在这些"蛮族王国"的相互混战中，法兰克人（日耳曼人的一支）在其首领克洛维的统率下，逐渐取得强势地位，建立了墨洛温王朝。但克洛维死后，法兰克王国即出现乱局，国王有名无实。公元687年，宫相（国王的首席大臣）赫里斯塔尔·丕平重新统一了法兰克。其子查理·马特在继任宫相职位后，为了巩固王国内部的统一，也为了强化王国的经济—

---

① ［美］J. H. 布雷斯特德：《文明的征程》，李静新译，燕山出版社2004年版，第303页。

② 同上，第466页。

③ ［英］H. G. 韦尔斯：《世界史纲：生物和人类的简明史》（上），梁思成译，燕山出版社2004年版，第358页。

④ 《马克思恩格斯选集》第4卷，人民出版社1995年版，第152页。

第五章 国家能力的发展机理

军事力量以抵御阿拉伯人的攻击,进行了土地关系的变革——实行"采邑"分封制,将向封主服兵役作为分封土地的条件。在查理·马特时期,最高领主可以收回采邑,而到了加洛林王朝①,采邑逐渐变为世袭。采邑制的实行暂时提升了王国的实力和王权的地位,但手段与目的二者之间的巨大张力不久就开始显露了。采邑制"这一变革的特征表现为:为了统一帝国,加强帝国,将巨室与王室永久联系起来,而为达此目的所选择的手段,结局反而导致王权的彻底破灭、豪族独立及帝国的瓦解"。② 国王与受封的贵族之间的利益结构,使得实际掌握地方权力的贵族在经济上截留中央王权的财源,在政治上滋长对中央王权的离心力。"正是在加洛林王朝时代,封建主义的形成迈出了决定性的步骤。"③ 也正是封建制度构成了加洛林王朝瓦解的真正原因。④ 公元843年,法兰克王国一分为三(后来发展为德、法、意三个民族国家),实际上宣告了法兰克王国的终结。从此,在前工业时代的欧洲地域再建大型政治—经济组织的历史基础被严重削弱了。这意味着欧洲国家在前工业时代通过统辖大规模社会而拥有强大能力的可能性已经很小了,同时也预示着欧洲国家开辟国家能力发展的新道路的可能性增加了。

法兰克王国解体后,经过短期的过渡,西欧在10世纪已遍布

---

① 公元751年,查理·马特之子矮子丕平登上法兰克国王之位,成为加洛林王朝的开国之君。
② 恩格斯:《德国古代的历史和语言》,人民出版社1957年版,第74页。
③ [英]佩里·安德森:《从古代到封建主义的过渡》,刘健译,上海人民出版社2001年版,第138页。
④ [美]汤普逊:《中世纪经济社会史》(上册),耿淡如译,商务印书馆1961年版,第302页。

封建小国；公元 1000 年后这块地处欧亚大陆西端的偏远区域已不再遭受外来侵略，① 西欧在封建等级秩序中安定下来。国王与贵族之间的力量牵制使得"政府的实质是分裂的"②。"中世纪的政治概念是：财产和社会势力授给人们统治的权力……财产附带着对社会义务的履行并使责任和特权联系在一起。"③ 因此，在安定后的西欧，市民可以通过金钱赎买或武力抗争从国王或封建领主那里获得对城市的自治权利。城市自治权的确立使市民开始按照商品经济的内在要求组织自己的经济生活，这无疑孕育着革命的要素。随着城市工商业的发展与财富的增长，在封建割据中形成的市民阶层必然在开拓更广阔市场的利益驱使下转而成为反封建割据的力量。不过，相对于封建割据势力，新兴的市民阶层的力量毕竟是弱小的。于是，通过支持、加强王权，创建统一的君主集权国家来消除封建割据便成为当时历史条件下市民阶层的现实选择。但从整个西欧看，王权的地理范围是模糊的，故创建统一的君主集权国家以消除封建割据的过程，同时也是引发相邻国家间的战争并通过战争确定国家疆界的过程；而国家走向统一与国家间爆发战争的交叠亦使形成中的西欧各民族加速了自身特性的历史定型，从而产生民族—国家的新政治组合。与这些多重实践进程相对应的思想进程，则体现为提倡人文主义、建设以民族语言文字为载体的民族文化的文艺复兴运动，以及以世俗化、民族化

---

① ［美］斯塔夫里阿诺斯：《全球通史》，董书慧等译，北京大学出版社 2005 年版，第 278 页。
② ［美］汤普逊：《中世纪经济社会史》（上册），耿淡如译，商务印书馆 1961 年版，第 302 页。
③ 同上，第 329 页。

第五章 国家能力的发展机理

为主旨的宗教改革运动。

当16世纪英、法等主要的君主集权国家出现在西欧的历史舞台，近代西方国家的兴起也就迈出了关键的第一步。君主集权的国家政权虽然本质上是非资产阶级的，但王权依靠市民取得对封建割据势力的胜利表明：从封建社会内部产生的资本主义生产方式作为对封建生产方式的否定力量已经存在了。国家政治分裂的结束所奠定的全国市场，客观上为新生的资本主义生产方式的成长提供了历史机遇；而不以单方意志为转移的西欧各君主集权国家（民族国家）相互间的竞争与挑战，则促使各国君主奉行重商主义国策，鼓励国内工商业发展和对外贸易的开拓。17世纪，英国不断壮大的资产阶级打破了与封建贵族的力量平衡，过渡性质的君主集权国家体制由于其存在的社会前提的改变走到了终点。1640年英国资产阶级革命爆发，经过半个世纪的反复，于1688年"光荣革命"后确立起立宪君主政体。与经济、政治领域的重大变革相呼应，市场精神、民主—法治理念开始取得主流文化地位，形成新的文化传统。由此，英国先于其他西欧国家构建起立宪的国家体制与市场取向的资本主义生产方式及与市场精神、民主—法治理念为内核的新文化传统相互支持的互动结构的雏形，这个雏形的互动结构又使英国先于其他西欧国家形成了从工场手工业向机器大工业跃升的强劲合力。18世纪60年代，英国第一个吹响了工业革命的号角。19世纪中叶，英国第一个完成了第一次工业化革命，成为"世界工业中心"，最终构建起工业时代国家能力的支撑结构。

在英国的示范和压力下，其他西欧国家根据自身的历史条件，加快了资产阶级革命和工业革命的步伐，相继构建起工业时代的国家体制、生产方式、文化传统相互支持的互动结构。在罗马帝国废墟上产生的曾千余年处于国家能力虚弱窘境的西欧国家，率先跨过了前工业时代的栅栏而成为近代世界拥有强大能力的领跑者。

西欧工业国家的兴起，开启了工业时代的国家能力发展的新纪元。机器大工业所创造的便利交通工具打破了地理的阻隔，"首次开创了世界历史"[①]。邻国间的竞争与挑战扩大为全球范围的国家间的竞争与挑战，标志着全球性的国家能力比拼时代的来临。西欧国家作为率先跨入工业时代的国家，在全球性的国家能力比拼时代的初期无疑占据主动地位，但这并不意味着占历史之先机的西欧国家将长时间处于世界力量的中心。工业时代国家能力发展的一般机理在于：

第一，那些已构建起立宪的国家体制、机器大工业与市场经济相结合的生产方式、市场精神与民主—法治理念为内核的文化传统相互支持的互动结构的国家，将持续地拥有对社会实施有效的统治与管理的能力，即使需要对互动结构予以变革，亦将能够以和平的方式向前推进。

第二，国家拥有应对他国竞争与挑战的强大能力，虽不是必需具备社会规模优势，但大规模社会仍是不可缺少的。在当今及以后的世界，一国企图通过领土征服吞并另一国来拓展疆域、扩大社会规模，其可行性已经很小了。当然，这并不意味着一国受另一国威胁、侵略乃至肢解的危险减弱了。只是说，由历史传承而来的国家所统辖社会的规模，客观上规定着国家应对他国竞争

[①] 《马克思恩格斯选集》第 1 卷，人民出版社 1995 年版，第 114 页。

第五章 国家能力的发展机理

与挑战的能力相对增长的限度。长远地看,能够在世界强国层次展开竞逐的是那些拥有洲级社会规模的国家。

第三,在世界上具备大规模社会的数个国家中,实际拥有强大能力的国家,是其社会的生产力领先发展的国家。生产力的发展,是在国家体制、生产方式、文化传统相互支持的互动关系中实现的,生产力发展的实效受制于国家体制、生产方式、文化传统相互支持的互动结构所蕴涵的推进生产力发展的潜能。① 具体而言,统辖较大规模社会的候选强国要成为现实强国,就需构建起加速生产力发展并随着生产力的发展而不断完善的立宪的国家体制、机器大工业与市场经济相结合的生产方式、市场精神与民主—法治理念为内核的文化传统相互支持的互动结构,从而使其统辖下的社会的生产力水平具备先进性,以拥有相对于他国占优势的资源;统辖较大规模社会的现实强国要继续作强国,就需随着生产力的发展适时改进、优化现存国家体制、生产方式、文化传统相互支持的互动结构,从而通过推动生产力相对快速的发展来保持生产水平的先进性,使其所拥有的相对于他国的资源优

---

① 在国家体制、生产方式、文化传统的冲突性互动结构中,生产力无疑难以发展;而在国家体制、生产方式、文化传统相互支持的互动结构中,如果相互支持的互动结构所蕴涵的推进生产力发展的潜能近于枯竭,生产力的发展亦将在结构的束缚下裹足不前。实际上,任何国家体制、生产方式、文化传统相互支持的互动结构所蕴涵的推进生产力发展的潜能都是有限的,且相互支持的互动结构本身内在地具有自我强化的倾向,但国家可以通过调整、改进、优化乃至打破并在更高层次再构建国家体制、生产方式、文化传统相互支持的互动关系而使结构所蕴涵的推进生产力发展的潜能得以扩增。国家调整、改进、优化乃至打破并在更高层次再构建社会生产方式、国家体制、文化传统相互支持的互动关系,既需发挥主体能动性,又需以生产力的发展为其动态的客观基础。

势得以维持。

5.2　工业时代国家能力发展的具体机理解析：以美国为例

英国曾是工业时代第一个世界强国，但从深层次看，英国强大的国家能力，是与特定的历史时段相联系的。英国的鼎盛是在实现工业革命后的 19 世纪中叶，彼时的英国是"世界工厂"、"世界贸易中心"、"世界金融中心"、"海上霸王"，而当时世界上的其他国家尚未完成工业革命，换言之，英国国家能力的强大是立足于工业国与非工业国巨大的生产力差距上的强大。但英国作为世界上唯一的工业国存在，只能是前工业时代与工业时代交替中的一种独特的短时现象，在其他国家实现工业革命后，英国的这种特定历史时段的巨大生产力优势也就一去不复返。从此，其狭小的国土面积和受国土面积制约的人口数量决定的社会规模，便对英国在国际体系维度的国家能力——植根于社会的生产力水平、社会规模决定的国家从社会积聚的资源与他国从社会积聚的资源的对比关系——构成了客观制约。因而，英国在国际体系维度的国家能力不是衰落与否的问题，而是衰落的快慢及衰落到何种程度的问题。实际上，英国在 19 世纪后期，即已步入衰落之路。

随着英国的注定衰落，具有庞大社会规模的美国和俄国（苏联）先后崛起。早在 1835 年，托克维尔在《论美国的民主》一书中即写道："当今世界上有两大民族，从不同的出发点，但好像在走向同一目标。这就是俄国人和英裔美国人……他们的起点不

第五章　国家能力的发展机理

同，道路各异，然而，其中每一个民族都好像受到天意的密令指派，终有一天，要各主世界一半的命运。"① 第二次世界大战结束后，远强于世界上其他国家的美国和苏联展开了近半个世纪的国家能力比拼，结果苏联解体了，美国在与苏联的比拼中胜出，成为世界上唯一的超级强国。而在 200 多年前，当今超强的美国不过是英国在北美的殖民地。显然，对美国国家能力的机理予以专门解析，有助于我们对国家能力发展的机理进行更深入而细致的把握。

5.2.1　立国与建制

1. 英属北美 13 个殖民地的形成

北美原是印第安人居住的地方。哥伦布发现"新大陆"后，西班牙人、葡萄牙人、荷兰人、法国人先后涌入美洲。1607 年，英国人在北美建立了第一个固定的殖民据点——以授予其特许状的英王詹姆斯一世的名字命名为詹姆斯敦，该据点后来发展为弗吉尼亚殖民地。1620 年，一批清教徒乘"五月花号"船前往北美，由于船只偏离航向而未能按原定计划到达弗吉尼亚，他们的特许状失去了效力。为避免内讧和混乱，上岸前，他们订立了《五月花号公约》，确认"自愿结为一民众自治团体"，制定公正的法律，服从合法权威，以增进"殖民地的共同利益"②。该协议在美国历史上起着同类契约原型的作用，显示了来到北美的英国移民决定生活在基于"人民同意"的法治之下的诉求。这批人在

---

① ［法］托克维尔：《论美国的民主》（上卷），董果良译，商务印书馆 2004 年版，第 480—481 页。
② 赵一凡编：《美国的历史文献》，生活·读书·新知三联书店 1989 年版，第 2 页。

马萨诸塞的普利茅斯登陆,成为北美殖民地自治的先驱。至1733年,英国在北美大西洋沿岸至阿巴拉契亚山脉的狭长地带,共建立了13个殖民地。其中北部4个:马萨诸塞、罗德艾兰、新罕布什尔和康涅狄格,合称新英格兰;中部4个:宾夕法尼亚、纽约、新泽西和特拉华;南部5个:弗吉尼亚、马里兰、北卡罗来纳,南卡罗来纳和佐治亚。

2. 北美殖民地的统治机构

定居在英属北美13个殖民地的移民,主要是英国人,也有少数荷兰人、法国人、德意志人等。英国移民大多是在圈地运动中丧失土地的农民,也有一些信奉清教的商人、小工厂主和手工业者,还有因逃避英国资产阶级革命而移来的旧贵族地主。其他国籍的移民大多是为逃避战祸、贫困和宗教迫害的农民和手工业者。北美殖民地的统治机构表现为双重形式:一方面是英国统治殖民地的政治机构;另一方面是代表殖民地居民的议会。英国统治机构分为两部分:一是1622年英国国王詹姆斯一世在英国政府内部设立的贸易殖民局,负责管理北美殖民地事务;到了18世纪,则由英国议会负责制定对殖民地的统治政策。二是英国国王派到殖民地进行直接统治的总督。总督为英国国王的全权代表和殖民地的行政首脑,殖民地议会通过的法律由其执行,并有权否决殖民地议会所通过的法案,也有任命法官和殖民地管理机构其他官吏的权力。各殖民地议会代表新兴的资产阶级或奴隶主阶级的利益。议会一般分为上、下两院,其职权没有明文规定,一般法案必须经上、下两院通过,然后提交总督批准,下院一律由选举产生。大多数殖民地规定,只有土地所有者或拥有其他财产的人才有选举权。殖民地的下院享有立法权、特别征税、征兵及发行纸币的权力。随着殖民地与宗主国矛盾的加深,议会逐渐成为殖民地人民反抗英国殖民统治的工具。[①]

3. 北美殖民地的经济与社会发展状况

北美 13 个殖民地由于地理条件和移民自身的差异,北部、中部、南部的殖民地经济各有特点,北部殖民地以小土地所有制为主,工商业相对发达,一部分移民从事开荒,并将开拓的荒地在移民中分配,建立起一家一户的小农场;一部分移民利用天然的森林、矿产资源,建立了如造船、冶铁等工矿企业。轻工业中的纺织、制衣、制糖、面粉加工等也逐步从分散的家庭手工业发展为集中的资本主义工场手工业。中部殖民地大地产与小土地所有制并存,盛产小麦、大麦等农作物,水果业与畜牧业较为兴盛,工商业发展较北部为次。南部为种植园经济,因土地肥沃、气候炎热、雨量充足,投资者多为英国的贵族、大地主以及富商、船主,基本经济作物为烟叶。

在外贸方面,北部主要出口水产品、林产品以及生铁等初级的工业原材料;中部出口货物以面粉、小麦等农产品为主;南部出口货物主要是烟叶。各殖民地进口货物主要是英国的工业制成品和羊毛。

各殖民地之间的商业活动亦日趋活跃,道路交通有了一定的发展,新英格兰各主要城市已由众多的桥梁、渡口连为一体。在各殖民地经济交往加强的同时,殖民地的文化事业亦初具规模。一批大学相继兴办起来,哈佛、耶鲁、普林斯顿、宾夕法尼亚、

---

① 史仲文、胡晓林主编:《新编世界政治史:世界近代中期政治史》,中国国际广播出版社 1996 年版,第 88—92 页。

哥伦比亚等高校的毕业生遍及北美殖民地；大部分殖民地建有公共图书馆；18世纪上半叶，各种报纸在殖民地纷纷创刊，快速发展的邮政则使各殖民地的报纸相互流传；占殖民地人口大多数的英国移民所使用的英语，在经济、文化交往中日渐成为各殖民地的共同语言——美式英语。

4. 北美殖民地与英国之间矛盾的激化

英国作为宗主国，其政策出发点与目的是将北美殖民地作为英国工业品的销售地和原材料市场，因而对殖民地采取种种控制措施，如颁布《列举商品法》（1660年）、《主要商品法》（1663年）、《羊毛条例》（1699年）、《制帽条件》（1750年）、《铁制条例》（1750年），力图垄断殖民地贸易，阻止殖民地工商业发展。随着殖民地经济实力的增长，宗主国与殖民地之间控制与反控制的斗争日益尖锐。在欧洲列强"七年战争"（1756—1763）之后，二者之间的关系急剧恶化。在"七年战争"中，英国虽然获胜，但也付出了重大代价，财政亏空高达1.4亿英镑，为弥补损失，英国加紧了对北美殖民地的控制与搜刮。1763年，英国政府颁布英王敕令，禁止北美殖民地人民向阿巴拉契亚山脉以西迁移，以保证英国王室对这片土地的垄断权和英国商人收购这一地区印第安人皮革等货物的专利权，这道敕令既打击了土地投机者、种植园主和商人，也打击了渴望得到土地的新移民。西部土地问题激起了北美殖民地各阶层的愤怒情绪。1764年英国颁布《食糖条例》，规定对殖民地输入的外国蔗糖等征收进口关税，不仅断了走私商人和以食糖为原料的制造商、加工商的财源，而且使北美殖民地居民因食糖价格大涨而受到损害。1765年英国颁布《印花税条例》，首开直接向殖民地人民征税的先例，遭到各界的强烈抗拒。1773年英国颁布《茶叶税条例》，允许东印度公司在波士顿倾销茶叶，打击波士顿商人的利益。1773年12月16日，波士顿市民将东印度公司的三船茶叶倒入大海，此后，纽约、新泽西等地相继发生了倾茶事件。1774年3—6月，英国议会相继通过4项"强制措施"，并不断增派军队，试图以高压政策和武力迫使殖民地人民屈服。但结果适得其反，北美殖民地各阶层由于共同利益越来越严重地受到英国的侵害，从而走上集体反抗的道路。正如当时著名活动家帕特里克·亨利所表达的："我们不可以认为我们还是弗吉尼亚人、宾夕法尼亚人、纽约人和英格兰人，我不是一个弗吉尼亚人，却是一个美国人。"①

5. 独立战争

1774年9月5日，12个殖民地的代表（佐治亚殖民地因总督的阻拦未能派代表）相聚费城，举行第一届大陆会议。10月20日，会议通过的《联合宣言》指出，英国的政策已经威胁到殖民地居民的生命、自由和财产，各殖民地必须联合起来，共同采取抵制行动。大陆会议希望通过坚持不懈的抵制，迫使英国政府放弃高压政策，重新安排殖民地同母国的关系。② 但英王乔治三世坚持"必须用战斗来决定他们是隶属于这个国家还是独立"，声称："殖民地不是投降，就是胜利。"③ 1775年4月19日，马萨诸塞莱克星顿的民兵打响了独立战争的第一枪。各殖民地人民此后加快

---

① 黄绍湘：《美国通史简编》，人民出版社1979年版，第32页。
② 刘绪贻、扬生茂总主编：《美国通史》第1卷，人民出版社2002年版，第578—579页。
③ [美]莫里森、康马杰、洛伊希腾堡：《美利坚共和国的成长》第1卷第1分册，南开大学历史系美国研究室译，天津人民出版社1975年版，第334页。

了组织民兵的步伐。

  1775年5月10日，第二届大陆会议召开，会议期间，马萨诸塞殖民地的议会（5月16日）致信大陆会议，要求大陆会议对接管和行使民政权力的问题提出"明确的意见"，"我们将乐意服从你们可能向殖民地指示的计划，或郑重研究在这里是否可以建立一个政府，它不仅能大大促进我们的利益，而且也促使所有北美殖民地的联合和利益"①。6月，大陆会议任命华盛顿为总司令，将聚集在波士顿附近的民兵整编为"大陆军"。华盛顿就职后，奉命率大军对波士顿英军采取军事行动。不过，这一行动在大陆会议看来，也还仅仅是迫使英国对殖民地让步的手段而已，一旦英国政府作出妥协，放松对殖民地的压迫，大陆会议仍愿意放下武器握手言和。② 约翰·亚当斯1776年春天在给一位记者的信中写道："我的朋友，不管怎么说，在独立举措上表现出来的巨大的不情愿之情，我并不奇怪。一切伟大的变革，特别是那些有着极大的不确定的变革，都会让人烦恼不已。"③

  1776年1月，潘恩发表了题为《常识》的小册子。在三个月内，《常识》一版再版，销量达12万册之多。《常识》激发了美国人的独立意识，促使许多犹豫不决的美国人转变了看法，成为独立战争的坚定拥护者。华盛顿在反复阅读《常识》后曾言：它在"很多人心里"引起了"巨大变化"，他们"决心与这样一个

---

① ［美］尼尔·J. 布尔斯廷：《美国人——建国的历程》，谢廷光等译，上海译文出版社1997年版，第639页。
② 史仲文、胡晓林主编：《新编世界政治史：世界近代中期政治史》，中国国际广播出版社1996年版，第112页。
③ ［美］孔华润主编：《剑桥美国对外关系史》（上），周桂银、杨海光译，新华出版社2005年版，第18页。

第五章 国家能力的发展机理

不公平和不人道的国家断绝一切关系"①。从1776年4月开始,北卡罗来纳、马萨诸塞、罗德艾兰、弗吉尼亚议会先后通过决议,授权出席大陆会议的代表,要他们同各殖民地代表联合宣布独立。7月4日,大陆会议通过了由杰斐逊等5人起草的《独立宣言》。

《独立宣言》后来被马克思称为"第一个人权宣言",它第一次以政治纲领的形式,表达了天赋人权、社会契约和人民主权思想。《独立宣言》声称:"我们认为这些真理是不言而喻的:人人生而平等,他们都是从他们的'造物主'那边被赋予了某些不可转让的权利,其中包括生命权、自由权和追求幸福的权利。为了保障这些权利,所以才在人们中间成立政府……诚然,谨慎的心理会主宰人们的意识,认为不应该为了轻微的、暂时的原因而把设立已久的政府予以变更;而过去一切的经验也表明,只要当那些罪恶尚可容忍时,人类总是宁愿默然忍受,而不愿废除他们所习惯了的那种政治形式以恢复他们自己的权利。然而,当一个政府……显然是企图把人民抑压在绝对专制主义的淫威之下时,人民就有这种权利,人民就有这种义务,来推翻那样的政府,而为他们未来的安全设立新的保障。"在列举了英王大量的专制之恶后,《独立宣布》宣布"这些联合殖民地从此成为、而且名正言顺地应当成为自由独立的合众国;它们解除对于英王的一切隶属关系,而它们与大不列颠王国之间的一切政治联系亦应从此完全废止"②。

---

① 史仲文、胡晓林主编:《新编世界政治史:世界近代中期政治史》,中国国际广播出版社1996年版,第114页。
② 转引自李道揆:《美国政府和美国政治》(下册),商务印书馆1999年版,第770—774页。

《独立宣言》正式表达北美13个殖民地人民寻求独立，创建合众国的意愿，但独立绝不是一纸宣言就能实现的，独立必须通过军事较量获得。

1777年10月，华盛顿领导的部队首次在《独立宣言》发表后取得了一场大的战役胜利——萨拉托加大捷，英国千余人阵亡，约5700名士兵被俘。在此之前，英军已先后攻占纽约及大陆会议会址所在地费城，大陆军处境艰难，险象环生。萨拉托加大捷后，北美人民获取独立战争胜利的信心大为增强。国际形势亦开始明显朝着有利于北美的方向变化。法国国王路易十六获悉这次胜利后，看到削弱英国时机来临。12月，法国宣布承认北美合众国独立。1778年2月，法美订立同盟条约。数月后，法国对英国开战。西班牙、荷兰过去在与英国争夺海上霸权和殖民地的角逐中都曾败于英国，也分别于1779年、1780年对英国宣战。1781年4月，大陆军开始战略反攻，8月，华盛顿亲自率军南下弗吉尼亚；9月在约克敦西北登陆，与此同时，法国舰队在约克敦附近海面击败英国海军，随后，法美联军在约克敦包围了英军当时在北美最后一支具有较强作战能力的部队；10月，英军主将康华利率所部7000余人投降。1782年，英美签订停战协定。同年10月，英国与美、法、西班牙的代表在巴黎举行谈判。在谈判中，法国企图取得加拿大，西班牙则图谋美国西部领土和内河航运权。美国为防止法国、西班牙瓜分美洲西部，于11月30日与英国秘密拟订《巴黎和约》。1783年9月3日，美英正式签订《巴黎和约》，英国正式承认美国独立，承认美国的版图北起英属加拿大，南到佛罗里达，东起大西洋沿岸，西至密西西比河。这样，北美原13个殖民地成为新生的美利坚合众国的13个州，美国的国土面积由宣布独立时的约 90 万平方公里扩大为约 230 万平方公里。新生的美国已经有了一个较为粗壮的身躯。

6. 创建立宪的国家体制与联邦政府

在独立战争期间，大陆会议于 1777 年 11 月 15 日通过了《邦联条例》，到 1781 年 3 月 1 日，马里兰最后一个批准了这一条例，大陆会议至此终止，以邦联议会作为中央机构。1783 年美国正式独立后，华盛顿随即解散了军队。邦联议会实行一院制，由各州议会派代表 2—7 人组成。表决时每州 1 个投票权，邦联不设专门的行政部门，也不设单独的司法部门。在名义上，邦联会议有权宣战、媾和、缔结同盟、订立条约、建立和控制武装力量、从各州征调人员和资金、管理造币、借款和发行信用券、规定统一的度量衡标准、建立海事法院、建立邮政系统、管理印第安安全事务、应州的要求裁决州际争端等权力，但所有重要权力的行使均需 13 个州的 9 个州同意，而且邦联即使在名义上也不享有征税的权力，不能从社会积聚财政资源。实际上，邦联议会只是一个协商机构。《邦联条约》宣称的"美利坚合众国"只是 13 个州的松散联盟，北美 13 个殖民地赢得了独立，但尚未建立起真正的中央政府。而《邦联条例》获得各州议会批准这一事实本身亦表明，切身感受过英国殖民当局压迫的北美人对中央政府抱有普遍的戒心。一位美国长者形象地说："13 个儿媳妇好不容易把英国这个婆婆赶走，不想再受婆婆管，不要有一个管她们的强有力的中央政府。"[①] 然而，随着时间的推移，邦联制的弊病日益严重地暴露出来，财政金融的混乱、各州地方主义的高涨、英国及其他欧洲

---

① 王作民：《美国万花筒》，中国社会科学出版社 1985 年版，第 91 页。

厂商的工业制成品充斥市场、国际关系中的疲软虚弱、底层劳动人民受严酷的经济困苦所迫而发动的武装起义，使越来越多的美国人认识到，政府暴虐固然使社会各阶级（层）深受其害，无政府或政府无能则过之而无不及。当然，在邦联制的弊端未得以充分展示出来之前，在当时特定情势下，要建立强有力的中央政府是难以获得足够的社会支持的。而当建立中央政府的时机随着邦联制致命缺陷的显现而成熟时，生产方式中居于支配地位的统治阶级的代表人物便作为立国建制的领导力量而迅速走到历史的前台。

1787年5月，由各州议会选派的代表（罗德岛州未派代表）汇集费城，召开制宪会议。这些代表，一方面，是当时美国的主要精英，受欧洲启蒙思想家的影响，在观念上有许多共同之处。其中的大多数人都有不平凡的经历和远见卓识，是一群爱国主义者，他们代表着当时美国在经济上占统治地位的阶级的总体利益，是统治阶级的代言人。另一方面，这些代表的具体政治理念和追求并不完全一致，存在着分歧。由于他们来自不同的州，各州的经济状况和政治传统存在差异，他们更重视各自所在州的统治阶级的利益和意愿。

在制宪会议的讨论中，弗吉尼亚州的代表团提出大州方案：（1）建立一个两院制的议会，下院由人民选出，较小的上院由下院从州议会选出的被提名者中选出，代表人数和各州人口成比例，议会可判各州的任何法律无效；（2）建立一个全国性的行政机构，由议会选举产生；（3）建立一个全国性的司法机构，法官由议会任命。较小的州很快认识到，弗吉尼亚方案对人口少的州不利，它将使弗吉尼亚、马萨诸塞和宾夕法尼亚在全国性议会中形

第五章 国家能力的发展机理

成多数。新泽西州的代表威廉·帕特森（律师）提出了另一种方案，他建议：（1）每州一个投票权，即一州一票；（2）国会管理贸易和征税；（3）国会所有法案是国家的最高法律；（4）国会选举若干人员组成一个行政机关；（5）行政机关任命一个最高法院。各代表团对这两个方案进行了激烈的辩论，大多数人要求有一个强大的全国性政府，甚至不愿考虑新泽西方案，而小州则以离会相威胁。为打破僵局，康涅狄格州的代表罗杰·谢尔曼提出了一个妥协性方案：（1）建立一个两院制的议会，其中众议院议席的分配依据每个州自由居民的数量加上 3/5 的奴隶数量；（2）建立一个上院，即参议院，每个州的议会选出两名成员。谢尔曼提出的妥协方案在 1787 年 7 月中旬获得代表的认可。但行政和司法部门的机构问题尚未解决，制宪会议决定将余下的工作交给一个五人小组拟出草案，这个小组于 8 月 16 日提出了一个粗略的宪法草案，经讨论细化，1787 年 9 月 17 日，39 名代表在宪法草案上签了字。

最初的 55 名代表中，有 13 人中途离开，坚持下来的有 42 人，其中 3 人拒绝签字。尽管签字的人可能对宪法草案的部分内容也不赞同，但他们将个人的不同看法留在了自己的心里，在书面上同意了宪法草案。宪法草案确立的基本原则主要包括：（1）实行人民主权；（2）建立共和政府，由人民选出的代表来为他们决策；（3）建立有成文法律的有限政府；（4）立法、行政、司法三权分立，相互制衡；（5）实行给予各州权利的邦联制度。①

参与费城制宪会议的代表们，最终完成了美国宪法的起草工

---

① ［美］斯蒂芬·施米特等：《美国政府与政治》，梅然译，北京大学出版社 2005 年版，第 32—38 页。

作，形成了宪法草案，绘制了美国立国与建制的蓝图，对于美国以后的历史道路无疑具有奠基性的深远意义。当制宪会议主席华盛顿在宪法草案上签完字从座椅上站起来时，德高望重的本杰明·富兰克林指着华盛顿座椅上雕刻的贴金的半轮太阳意味深长地说："在这次会议进程中，我曾一再凝望着它……却无法说出它是在上升还是降落；但现在我终于有幸得知，它是一轮旭日而不是一轮落日。"①

接下来，便是宪法的批准问题。宪法草案规定：宪法由各州召开由人民选举产生的州代表大会而不是由州议会，由9个州而不是13个州批准生效。制宪者们深谋远虑的是，各州议会出于保存州的权力或意识形态的原因可能拒绝批准这部宪法，宪法可能难以得到，至少难以在短时间内得到13个州的一致同意。为促使各州代表大会批准宪法草案，新宪法的推动者迅速将宪法拥护派组织起来，并采取积极行动。宪法拥护派包括公债持有者集团、工商业者集团、大土地投机集团、奴隶主集团。②

公债持有者集团由投机者和有资产的债券持有人组成。在《邦联条例》时期，曾有巨额公债在全国流通，由于邦联议会无偿付能力及州议会的公信力缺乏，使得债券持有人中的贫困者以低于票面价值的1/6至1/10，甚至1/20的价格将其出售，在许多州里，有一半以上的债券以极低的价格流入到投机者的手中，没

---

① ［美］莫里森、康马杰、洛伊希滕堡：《美利坚共和国的成长》第1卷第1分册，南开大学历史系美国研究室译，天津人民出版社1975年版，第497页。

② Charles A. Beard, An Economic Interpretation of the Constitution of the United States, New York: Free Press, 1986；王珏：《世界经济通史》（中卷），高等教育出版社2005年版，第156—159页。

有转让债券的人都是另有财产的人。如果建立了一个强有力的中央政府,稳定了金融秩序,他们手中的债券就能够以票面价值得到清偿。宪法草案规定:"本宪法采用前订立的一切债务和承担的一切义务,对于实行宪法的合众国同邦联时期一样有效。"这一项主要就是维护公债持有人利益的。巨额的潜在利益的驱动使公债持有人成为新宪法热烈的拥护者。

从事工商业者热切盼望能有一个强大的中央政府界定和实施产权,保证契约的履行,确立稳健的货币金融政策,以国家力量阻挡外国商品对制造业的冲击,保护海上航运安全。

大土地投机者希望有一个强有力的中央政府维持边境的安定,扭转邦联议会软弱无力导致的边疆不安、土地价格猛跌的不利局面,使土地价格回升,以期在土地投机中有利可图。

奴隶主集团与工商业者利益不同,他们更愿意保持州的独立性,但他们担心社会的不稳和奴隶的反抗对其利益会有损害,在州内遇到内乱而地方政府的力量不足以平息时,他们可以依靠中央政府恢复秩序,对风险的恐惧和规避亦使他们成为新宪法的支持者。

将这些分散的债券持有人、工商业者、大土地投机者、奴隶主组织起来的人,是以汉密尔顿等为代表的联邦党人领袖,这些人由于在批准新宪法上存在基本的共利性,因而被组织起来后,便成为有力推动新宪法在各州获得批准的行动团体。

由于宪法草案中没有写明个人权利,州权派和以杰斐逊为代表的民主派同联邦派围绕宪法的批准展开了激烈的论战,前者强烈要求有一个联邦权利法案,以约束联邦政府,保障个人权利。在论战中,联邦派承诺新宪法得到批准后,将通过宪法修正案确认公民权利，从而化解了宪法批准过程中一道关键性障碍。

　　1787年12月7日，特拉华州率先批准了宪法，接着，新泽西州和佐治亚州、宾夕法尼亚州批准了宪法。在马萨诸塞州，联邦派承诺在宪法中增添权利法案后，以微弱多数票通过了对宪法草案的批准。在大州弗吉尼亚，以詹姆斯·麦迪逊为首的联邦派同帕特里克·亨利为首的反联邦派进行了艰苦的辩论，以89票对79票批准了宪法。纽约州围绕宪法批准的斗争特别激烈，汉密尔顿为宣传联邦派的观点以争取纽约州的批准邀请了詹姆斯·麦迪逊和约翰·杰伊自1787年10月27日至次年8月16日陆续在纽约市的报纸上以"普布利乌斯"的笔名发表了85篇阐释、论证、捍卫宪法的文章，其中一半出自汉密尔顿之手，这就是著名的《联邦党人文集》。最后经过汉密尔顿同州内大多数坚决反对批准宪法的领袖们（包括州长乔治·克林顿）长达6个星期的辩论，并在纽约市表示"如果不批准宪法就退出纽约州"的极端努力下，在尽早增加权利法案的而达成的谅解下，代表们以3票的多数批准了宪法。在弗吉尼亚和纽约两州批准宪法之前，新罕布什尔州于1788年6月21日批准了宪法，该州成为批准宪法的第九个州。北卡罗来纳州和罗德岛在第一届联邦政府成立后才批准宪法。① 按宪法草案规定，新罕布什尔批准宪法后，即已满规定的需9个州批准宪法，宪法即已生效，但弗吉尼亚和纽约两州举足轻重，它们的批准对于宪法的生效具有实质意义。

　　宪法得到批准，为美国中央政府的成立奠定了法理依据和制度架构。1789年3月4日，由选举产生的第一届联邦国会正式召

---

① 李道揆：《美国政府和美国政治》（上册），商务印书馆1999年版，第31—32页。

开。4月30日，民选的美国第一任总统华盛顿宣誓就职，联邦政府成立。至此，脱胎于英属北美13个殖民地的北美13个州正式结成一个共和国，构建起立宪的国家体制。托马斯·杰斐逊曾对麦迪逊说："任何一部宪法都不可能像我们这部宪法那样，为帝国的扩张及自主管理的政府作了那么好的铺垫。"①

5.2.2 领土扩张、工业化启动与社会整合

1. 领土扩张

建国之初，美国人口约400万（1790年），其中90%为农业人口，8000人以上的城市只有5个。据统计，1790年在美国海关缴纳关税的1500万美元的进口货物中，从英国进口的货物为1300万美元；在2000万美元的出口货物中，有900万美元的货物输往英国，②而且英国控制着美洲、亚洲、非洲的大片殖民地，美国的对外贸易明显受到英国的钳制，在经济上美国仍严重依赖于英国。另外，英国驻军尚未从美国北部撤出。美国的力量无疑还很虚弱。

1796年9月19日，华盛顿发表了著名的《告别演说》。他指出："在对外国的关系上，我们的最高准则是：一方面要扩大我们的商业关系，同时尽可能少地和它们发生政治联系。只要我们承担义务，就要完全地履行义务。我们可以到此为止。欧洲有着一系列极重要的利益，那些利益跟我们没有任何关系，或者关系很远。欧洲经常发生争执，其原因基本上与我们毫不相干。所以，

---

① 转引自丁一凡：《美国批判》，北京大学出版社2006年版，第6页。
② 杨闯：《近代国际关系史纲》，中国人民大学出版1998年版，第27—28页。

如果我们卷进欧洲事务，与他们的政治兴衰人为地联在一起，或与他们友好而结成同盟，或与他们敌对而发生冲突，都是不明智的。"① 早在1778年11月，华盛顿就对他的朋友亨利·劳伦斯说过："人类的普遍经验告诫我们：对任何国家的信任，不可超过其本身利益所能约束的范围，这也是谨慎的政治家在处理政务时不敢背离的原则。就我们所处情况而言，更应百倍小心，因为我们目前羽毛未丰，力量有限。"② 1795年他给帕特里克·亨利的信中说："总之，我需要的是体现美国的个性，使欧洲国家相信我们美国人是为了自己而不是为别人行事的。我认为这是建立国际威望和国内幸福的唯一途径。千万不要成为英国党人或法国党人，而制造分歧，搅乱社会安宁，或永远毁掉联系美国各州的纽带。"华盛顿所主张的对欧洲列强的中立原则，从表象上看，是基于当时力量对比权衡而提出的对外战略，而在这表象的背后，所彰显的是美国开国总统谋求强国伟业的高远志向与勃勃雄心。传之于后任总统们的不是某种政治教条，而是这种宏大的抱负。

　　1801年，杰斐逊就任美国第三任总统。同年5月，杰斐逊得知西班牙与法国于1800年秘密签订协议，西班牙将把原为法属殖民地的路易斯安娜归还法国。在杰斐逊看来，路易斯安娜在西班牙手中尚无大害，而到了比西班牙强大得多的法国手中，则将使美国的利益遭受重创，如果法国关闭密西西比河，当时美国的西部发展将受到严重的抑制。杰斐逊认为，美国"必须取得通向密西西比河出海口和新奥尔良的通道，否则，就将最终失去阿巴拉

---

① 赵一凡编：《美国的历史文献》，生活·读书·新知三联书店1989年版，73页。
② 《华盛顿选集》，商务印书馆1983年版，第149页。

第五章 国家能力的发展机理

契亚山后面的一切"①。为保持密西西比河出海口开放,一方面,美国政府准备诉诸武力,甚至同英国结盟向法国开战;另一方面,派出詹姆斯·门罗为特使到法国谈判。法国由于担心英国进攻新奥尔良乃至路易斯安娜,加之其镇压海地黑人新败,拿破仑于1803年4月下令同美国达成协议,承诺"我放弃路易斯安娜,我要割让的不仅是新奥尔良,整个殖民地都要毫无保留地让出去"②。美国以1500万美元从法国手中购入的路易斯安娜,其面积约214万平方公里,这使美国的版图增大了一倍,当时美国政府难以支付这笔款项,通过在伦敦市场发行国债才筹齐了钱。这次购买,美国实现了把密西西比河变成内河的梦想,美国疆域延伸到落基山脉,为继续向西扩张至太平洋沿岸创造了条件。1819年,美国以武力为后盾,以500万美元的价格从西班牙手中强行割入佛罗里达半岛。1845年,美国夺得得克萨斯。1846年,美国从英国手中购得俄勒冈地区大片领土。1846—1848年,美国挑起对墨西哥的战争,又迫使战败的墨西哥将新墨西哥、加利福尼亚和亚利桑那南端的大片领土割与美国,在这片土地上,后来建起了加利福尼亚、内华达、犹他、亚利桑那、新墨西哥几个州。1853年,美国从墨西哥手中购得加兹登。1867年,美国国务卿西沃德以720万美元从俄国人手中购得阿拉斯加。

美国的领土扩张,使其在数十年内版图由230万平方公里膨胀为900多万平方公里,成为横跨整个北美大陆直至太平洋的

---

① John A. Garraty, *A Short History of the American Nation*, New York:Harper&Row, 1981, p. 107.
② [美]孔华润主编:《剑桥美国对外关系史》(上),周桂银,杨海光译,新华出版社2005年版,第119页。

统辖庞大疆域的洲级大国,周边不再有强邻环伺。"扩张使美国从大西洋拓展到密西西比河,继而到落基山脉、最后到太平洋。它是贪婪欲望的产物,是不讲道德的领导人的产物,是美国和那些阻挡其前进道路的国家之间实力悬殊的产物。它还是基于一系列信念,其中最引人注目的是这样一种信念,即共和主义不仅是一种优越的政府形式,更是一种绝对必要的制度,如果美国把大量的外国人口纳入其中,这种制度就是难以坚持的,如果不是不能坚持的,这个信念使得雄心勃勃的帝国梦想在地理上没有扩大到北美以外。19世纪末以前,除阿拉斯加以外,改变了整个国家的扩张主义的目标,是传播共和主义,扩大美国农业空间,加强整个国家的地位,而不是统治他人,或把不同民族纳入联邦。"①

当然,扩张领土是一回事,巩固扩大成果又是一回事。不过,美国中央政府通过"自由帝国"(杰斐逊语)的独特方式,使新扩展的地域结构性地成为合众国的新州。首先,在这些新获得领土上先建立准州。人口稀少的准州由国会通过它所任命的州长秘书和三位法官来管理。该地区一旦有了5000名成年的自由男性居民,就进入下一个阶段。在这个阶段中,居民愿意的话就可以开始拥有一个包含两院立法机构的代议制政府:一个由直接选举产生的众议院,一个由国会从众议院提出的10人名单上挑出5人组成的小型"立法委员会",准州州长对所有的立法拥有否决权。准州立法机构的两院在一起投票选出一个代表,"他将在国会中占有一个席位,并在这个临时政府中有进行辩论的权利"。处在这前

---

① [美]孔华润主编:《剑桥美国对外关系史》(上),周桂银、杨光海译,新华出版社2004年版,第205页。

第五章　国家能力的发展机理

两个阶段,州长是被任命的,软弱的执法机构受全国立法机构的否决权的支配。派驻首都的专员无表决权。当自由人口达到6万人时,就进入第三个阶段,准州可以被接纳为正式的州。这样就完成了由近乎专制统治到自治和重归中央政府管理的可预见的进程,① 这一过程与工业化的启动、社会整合相互促进,最终实现社会规模的成功扩展,为其成为洲级大国奠定了地理基础。

2. 工业化启动

1790年1月,众议院中与汉密尔顿一样坚持重商主义基本设想的议员们要求这位财长起草一份计划,旨在鼓励和促进制造业发展,从而使美国摆脱在某些必需品上对其他国家的依赖。随后,汉密尔顿向国会提交了著名的《制造业报告》,他在报告中写道:"机器的使用构成民族工业主体［即经济］中的一个极为重要的内容……用外来产品替代本国产品就等于把依靠最大效用和最大程度地使用机器所增加的优势拱手让给外国人。"② "正是这份报告设想了美国成为世界上最伟大的工业大国的宏伟蓝图。"③

杰斐逊对农业情有独钟,他在《弗吉尼亚随笔》中写道:"耕耘土地之人是上帝精选之士",农业是"最明智的追求"。但是当他成为美国总统后,"作为一个官居顶峰的反汉密尔顿主义者,在总统任内,［他］基本上变成了汉密尔顿主义者"④。"七年

---

① ［美］尼尔·J.布尔斯廷:《美国人——建国的历程》,谢廷光等译,上海译文出版社1997年版,第656页—658页。
② ［美］亚里·格林菲尔德:《资本主义精神:民族主义与经济增长》,张京生、刘新义译,上海人民出版社2004年版,第518—519页。
③ 同上,第516页。
④ 同上,第526页。

战争"后,美国作为中立国本应有权与包括英法在内的所有国家展开贸易,但在杰斐逊任总统期间,英国于 1805 年规定中立国运送的货物仅限于中立国的船只传统上所运送的货物,1806 年和 1807 英国又发颁了一系列法令要求继续与欧洲进行贸易的中立国船只进入英国港港口等候检查许可,否则将被扣押。拿破仑也于 1806 年和 1807 年宣布任何遵守英国规定的船只都有被法国抓获的危险。美国不得不放弃中立立场,杰斐逊总统于 1807 年 12 月宣布对大不列颠和欧洲大陆交战国实行贸易禁运。至 1809 年 3 月,贸易禁令取消。

  杰斐逊的贸易禁令虽然"使许多人的收入因此而受损,但国内工业开始成长……贸易禁令和封锁不仅意味着美国无法与外国人进行贸易,而且意味着外国人也无法与美国进行贸易。其结果,如果美国人希望继续消费某些产品,那他们就得自己生产出来。因此,美国开始发展进口替代工业——尤其是纺织品……1808 年,7 家新制造厂宣布公司化。第二年,又有 26 家制造厂注册为公司。贸易禁令取得了亚历山大·汉密尔顿所渴望、而杰斐逊所害怕的东西:工业化的萌芽"①。在 1812—1814 年英美战争期间,公司化加速进行,1812 年新注册公司 48 家,1813 年新注册公司 66 家,1814 年新注册公司 128 家。②"不过,工业扩张的步伐在接下来的时间没有得到维持。当对外贸易于 1815 年恢复时,许多工厂破产……新公司在 1815 年滑落至 78 家。1816 年,新公司仅有 26 家。次年注册的公司就更少了,只有 8 家。其结果,工业中的

---

① [美]杰·阿塔克彼得·帕塞尔:《新美国经济史》(上),罗涛等译,中国社会科学出版社 2000 年版,第 122—123 页。

② Stanley Lebergott, *The Americans: An Economic Record*, New York: Norton, 1984, p. 128

第五章 国家能力的发展机理

劳动力和资本均向政府求助,希望政府对进口征收关税。"①

1824年3月30日,众议院议长克莱发表了一次对美国工业来说具有历史意义的演讲,阐述了工业化与关税保护的关系。演讲持续了六个半小时,结束时已是3月31日。新的关税议案最终顶住了抱成一团的南方和四分五裂的新英格兰的反对而以微弱优势获得通过,使多数进口商品的关税提高到35%。克莱在议会演讲结束时,慷慨陈词:"联邦政府认识到,在国家巨大的疆土上,存在着多种多样的利益:农业、种植业、畜牧业、商业、航运业、渔业、制造业。这些利益中没有任何一项会在联邦的所有地区受到同等的关注。有些利益为我们共同的国家的特殊部门所专有。但所有这一切重大利益都寄托于一个政府的保护——寄托于同一条船的命运——这是一艘拥有高尚的水手、乘风破浪的巨轮。如果我们想幸福繁荣,就必须保护所有利益;理应如此……这是能够使我们全力以赴确保联盟和谐的唯一方法。"②

在关税保护下,美国资本主义工业企业开始逐步壮大。机器大工业首先开始于棉纺织业,第二个运用机器生产的是毛纺织业,随后逐步向采矿、钢铁、冶金等重工业延伸。"到19世纪中叶,美国制造业已从使用传统方法仅对原材料进行相当简单的处理,转变为依靠日益精细的劳动分工和专业化来生产日益高级的产品的复杂的机器密集型的生产过程……美国劳动力中越来越多比例

---

① [美]杰里米·阿塔克、彼得·帕塞尔:《新美国经济史》(上),罗涛等译,中国社会科学出版社2000年版,第123页。
② [美]里亚·格林菲尔德:《资本主义精神:民族主义与经济增长》,张京生、刘新义译,上海人民出版社2004年版,第548页。

的人一生都在工业中谋求生计。工业劳动力大军开始形成……但美国在经济上以农业为主的状况还要持续一会儿,直到南北战争以后,工业才在经济中占了上风。"①

与工业化进程相伴随的是交通运输的发展。工业化的启动对交通运输的改善既提出了要求也提供了条件,交通运输的发展又反过来加快了工业化的进程,二者互为因果。交通运输的改善首先是从修筑收费公路和挖掘运河开始的。起初投入公路建设的主要是私人资本,先由私人企业取得所在州的筑路特许状,公路建成后,由营造者在公路沿途设立关卡向过往车辆收费。一些缺少私人资本的州则采取由政府投资或直接拨款的办法修筑公路。联邦政府也拨款修建了一条东部通过西部的坎伯兰大道,该大道1911年动工,19世纪中期最后竣工,全长600英里。大量收费公路的修筑形成了连接各地的公路网。

19世纪初,美国各州开始大规模开挖运河,到40年代,美国已经初步形成以运河为枢纽的水路交通网,运河总长达3000多英里。汽船的发明和使用则使水路交通运输网发挥越来越大的作用,引起交通运输业的重大变革。运河和公路相互衔接,使美国的内陆交通大为方便。联邦政府曾给予一定的财政援助,无偿拨给公路和运河公司的国有土地达300万英亩,还购买了运河公司股票300万美元。② 交通运输的另一重大突破是铁路的兴建和蒸汽机车的发明及投入使用。到1850年,美国的铁路总长度达到9021英

---

① [美]杰里米·阿塔克、彼得·帕赛尔:《新美国经济史》(上),罗涛等译,中国社会社会科学出版社2000年版,第210页。
② 刘绪贻、扬生茂总主编:《美国通史》第2卷,人民出版社2002年版,第203—205页。

里，超过英国，拥有世界上最长的铁路线。①

3. 社会整合

在美国制宪会议的"大妥协"中，已隐含着南方种植园经济与北方资本主义经济的矛盾。随着时间的推移，矛盾逐渐加深，直至引发内战。在开发西部的过程中，南方由于多年种植烟草，土地的肥力受到严重破坏，为了继续获得利润，南方的种植园主及小农便大量向西南部迁移，以建立新的农场，北部的工商业资产阶级谋求使西部新成立的州成为自由州，南方的种植园主则力主使西部新州成为蓄奴州。这一斗争的深意在于北部工商业资产阶级和南部种植园奴隶主争夺对联邦政府的控制权，自由州和蓄奴州的数量对比决定着南北两种生产方式中的统治阶级谁在参议院占优势，因为各州不分大小，在参议院的参议员人数均为2人。这背后是国家政权主要保护谁的经济利益的问题，突出表现在三个方面：（1）原料与销售市场的争执。北部资本主义的发展，需要原料和销售市场，而南方种植园主经济则适宜殖民地经济性质。南方奴隶主将大部分棉花和其他工业原料运往英国，而从英国输入大批廉价工业品，使北方失去了南方的市场和原料来源。（2）关税争执。北部资产阶级要求保护关税和自由贸易，以便从英国进口日用品和其他工业品。（3）劳动力的争执，北方发展资本主义，需要大批自由劳动力，南方种植园经济则将劳动力束缚在土地上。申请正式加入联邦的新州如果为被确定为自由州则有利于发展资本主义，如果确定为蓄奴州则有利于发展种植园经济。

---

① 刘绪贻、扬生茂总主编：《美国通史》第2卷，人民出版社2002年版，第206—207页。

1819年，密苏里州申请加入联邦的问题导致南北双方第一次公开冲突，当时，美国北部和南部各有11个正式州，密苏里是作为自由州还是蓄奴州加入联邦，对双方关系重大。后双方于1820年达成妥协，密苏里以蓄奴州加入联邦，从马萨诸塞州将缅因地分离出来作为自由州加入联邦。并规定以后西部加入联邦的新州以北纬36°30′划界，以北为自由州，以南为蓄奴州。当时，杰斐逊敏锐地觉察到这次冲突的深层意蕴："这个重大的问题犹如深夜传报火警的钟声，惊醒了我并使我充满了恐怖之感。""我担心，这并非所有的人都看清了我们地平线上的小黑点，它迟早会变成龙卷风向我们袭来。"①

1860年，共和党候选人林肯当选为美国第16届总统，由于林肯主张限制和逐步取消奴隶制，因此他的当选引起了南方奴隶主的惊恐不安。新奥尔良《蜜蜂报》声称："如果再不宣布政治独立，我们就要完蛋了。"② 1860年12月20日，南卡罗来纳州宣布退出联邦，随后，密西西比、佛罗里达、阿拉巴马、佐治亚、路易斯安娜、得克萨斯6州宣布独立。1861年2月4日，6州的42名代表在阿拉巴马州的蒙哥马利市集会；2月8日，宣布成立"美利坚诸州同盟"，次日推选杰斐逊·戴维斯为临时总统，并通过维护奴隶制度的《同盟宪法》。随后，北卡罗来纳等4州宣布脱离联邦，加入"美利坚诸州同盟"。4月12日，南方军队首先向萨姆特要塞开炮，内战正式爆发。在战争初期，南方由于准备充分，在军事占据上风。

---

① 转引刘绪贻、扬生茂总主编：《美国通史》第2卷，人民出版社2002年版，第358页。

② Bernard Bailyn, et al., The Great Republic, A History of the American People, Massachusetts: D. C Heath & Co., 1981, p. 647.

1862年5月20日，林肯签署《宅地法》，规定凡年满21岁的美国公民、不反叛政府或不与政府作对者，自1863年1月1日起，只需缴纳10美元的证件登记费，就可以得到160亩西部国有土地，连续耕种5年后，即可拥有该土地的所有权。《宅地法》颁布的直接意义在于激发了北方人民参战热情，其长远意义在于保证了美国农业沿着美式资本主义道路发展。1863年1月1日，林肯正式颁发《解放黑奴宣言》，宣布总统认定的反叛合众国的州及地区的奴隶获得自由。这一宣言使得近400万黑奴获得解放，20余万黑人加入联邦军队，近4万人为国捐躯。1863年葛底斯堡战役后，联邦军队转入进攻。1865年5月末，南方最后一支军队投降，内战结束。4年内战，总共造成60万美国人丧生。

战后，议会两院成立了"重建南方委员会"，通过内战和战后重建，美国中央政府完成了社会整合，解决了国内团结问题。

5.2.3 成就强大国家能力的支撑结构的形成

英属北美13个殖民地通过独立战争、制宪、成立联邦政府而创建美利坚合众国，继而对外扩张领土、对内启动工业化，最后通过南北战争实现社会整合，在不到80年的时间，孕育了美国日后成为世界强国的国土规模（国土规模很快就会转化为相应的社会规模）与国家能力支撑结构的三大要素的雏形——立宪的国家体制、资本主义生产方式、市场精神与民主—法治理念为内核的文化传统，并形成了一个雏形的相互支持的互动结构。南北战争结束后，这三大要素的优化明显加速，从而迅速构建起成就强大国家能力的支撑结构。

1. 资本主义生产方式的全面确立

美国内战以特殊方式摧毁了南方奴隶制的生产方式，北方工业资产阶级单独成为政治上的统治阶级，立宪的国家体制与资本主义生产方式形成前所未有的支持性互动。事实上，早在内战期间，联邦政府由于摆脱了种植园主集团的羁绊，即采取了一系列促进工业资本主义发展的重大政策，主要包括[1]：（1）1861年3月，国会顺利通过了两年前就已提出的《莫里尔关税法》；1864年，国会再次立法，进一步将关税提高到47%，有的商品税率达到100%，有效地防止了欧洲厂商利用内战向美国倾销商品，从而保护工业资产阶级的利益，推动美国资本主义经济的独立发展。（2）1862年5月，国会通过《宅地法》，该法加速了西部的开发，使工业发展获得更多的原材料，并扩展了美国国内市场，产生更大的市场需求。（3）1862年7月，国会通过成立"联合太平洋"铁路公司和建设中央太平洋铁路公司的法案，责成由这两个公司负责修筑横贯大陆的铁路。为鼓励私营公司向铁路投资，联邦实行补贴制度，并规定铁路公司可无偿地取得铁路两侧20英里内的土地，且有权使用国有土地上的木材、石料等。政府还给予铁路公司特殊的银行信贷条件，颁发特许证，允许铁路享有长期或短期免税权，由此兴起了修筑铁路的热潮。（4）1863年2月，国会通过《国民经济体系法案》，整顿银行业，提供全国通货，保证政府债券获得稳定市场，使各州立银行相互竞争而造成的币制混乱得到相应的控制，维护了资本主义发展所需的金融秩序。（5）1864年7月，国会通过《移民法》，并成立移民局专门管理移民事务。该法制定了若干鼓励移民来美定居的条款，吸引大量移民涌入美国，为工业发展提供了大量的廉价劳动力。《移民法》和

---

[1] 刘绪贻、杨生茂总主编：《美国通史》第3卷，人民出版社2002年版，第25—26页。

《宅地法》相互补充,把吸引移民和开发西部结合起来,既提供了工业赖以发展的原料和劳力,又扩展了西部的粮仓。

内战结束后,联邦政府继续推行促进工业资本主义发展的政策,产生了明显的效果,内战中北方工业资本主义快速发展的势头向全国扩散,全国统一大市场的旺盛需求牵引着工业化进程的加速推进。到 1880 年,制造中心集中于纽约和费城的工业分布已被显著改变,中西部建立起众多的工业基地和迅速发展的工业部门。1884 年,美国工业化比重在国民生产中第一次超过农业,美国开始由农业国转变为工业国,[①] 这也标志着机器大工业与市场经济相结合的资本主义生产式在美国社会全面确立。

2. 政党制度的定型

与资本主义生产方式的全面确立相对应,美国政党制度最终走向成熟并定型。

早在宪法通过之前,美国政坛就出现了两个重要的政治派别:联邦党人与反联邦党人。联邦党人力促宪法的通过,反联邦党人则相反。不过,它们还不是真正意义上的政党,而只是进行派性斗争结成的并不稳固的政治集团。联邦政府成立后,汉密尔顿担任首任财政部长,杰斐逊担任首任国务卿。汉密尔顿主张设立国家银行,稳定国家信贷,征收关税,发展制造业,对宪法从宽解释,加强联邦政府的权力,维持同英国的贸易往来。杰斐逊与汉密尔顿的看法相左,认为美国应以农业为立国之本,将小农经济视作共和制度的基础,而工业会造成财富分配不均和社会道德败

---

① 中国科学经济研究所世界经济研究室编:《主要资本主义国家经济统计集 1488—1960》,世界知识出版社 1962 年版,第 14 页。

坏，为了维护民主和州权，必须从严解释宪法，限制联邦政府的权力，主张履行与法国订立的协议，联法制约英国。曾是制宪过程中反对联邦党人骨干分子的理查德·亨利·李，转而赞同汉密尔顿的政治主张，而同汉密尔顿一起促成制定和批准宪法的麦迪逊转而支持杰斐逊，从而在美国政府内部形成以汉密尔顿为首的"联邦党"和以杰斐逊为首的"民主共和党"两个相互对立的政治派别。第一任总统华盛顿在告别演说中表达了对党派的深深戒意，担心党争会威胁美国社会的团结和民主政治的稳定。杰斐逊早年同样对党派感到厌恶，1789年他在信中写道："如果不加入政党就不能去天国的话，我宁愿根本不去天国。"①

华盛顿在担任两届总统后坚持不再续任，联邦党与民主共和党分别推举约翰·亚当斯、杰斐逊为总统候选人，结果亚当斯当选为总统，杰斐逊当选为副总统。由于亚当斯与汉密尔顿之间的裂痕愈来愈大而导致了联邦党的分裂，1800年，杰斐逊当选为总统。在就职演说中，杰斐逊呼吁联邦党人与民主共和党人捐弃前嫌。在任用官员时，他注意团结联邦党人，经他任命的316个职位中，有130个由联邦党人担任。② 而作为总统的杰斐逊，自己过去关于经济问题的看法已有明显的变化，他以美国的整体利益为取向，在1801年12月的国情咨文中指出："我们繁荣的四大支柱——农业、制造业、商业和航运业，只有在允许各个企业最自由地发展时，才能达到繁荣兴旺。"③ 在1812—1814年的英美战争

---

① John P. Foley, ed, *The Jeffersonian Cyclopedia*, New York: Russell, 1967, p. 677.
② Charles M. Dollar, *America: Changing Times*, New York: John Wiley& Sons, 1979, Vol. 1, p. 188.
③ James D. Richardson, *Compilation of the Messages and Papers of the Presidents*, New York: Burean of National Literature, Vol. I, p. 330.

第五章 国家能力的发展机理

中,本已处于颓势的联邦党集团采取亲英立场,声誉进一步下降,1816年总统选举落败后,遂归于瓦解。

联邦党瓦解后,民主共和党暂时独立风骚,但原联邦党人代表的社会力量客观上促使民主共和党内部发生分化。19世纪20年代初,民主共和党实际上已分裂为两派:以约翰·昆西·亚当斯为首的一派倾向于采用原联邦党的思想,主张从宽解释宪法,实行保护关税和建立国家银行等,自称"青年共和党",而以安德鲁·杰克逊为首的一派则固守民主共和党从严解释宪法和扩大州权等思想,被称为"老共和党"。[①] 1824年的总统选举共有4名候选人:安德鲁·杰克逊、约翰·昆西·亚当斯、亨利·克莱、威廉·克劳福德。由于这四名候选人均未过半数,其中杰克逊得选举人票最多(99票),其次是亚当斯(84票),再次是克劳福德(41票),最后是(克莱)37票。按宪法规定,总统应由众议院在得票最多的三名候选人中选出,由于克莱与亚当斯进行政治交易,支持亚当斯,结果亚当斯当选为总统。亚当斯随后任命克莱为国务卿。

1828年杰克逊组建民主党,在总统选举中获胜。民主党是西南新兴的植棉奴隶主、旧南部的奴隶主、西部边疆农业垦殖者和农民、纽约商业集团及城市平民的政治联盟,主要受种植园主控制,主张自由贸易政策,维护奴隶制,并将奴隶制向西部新州扩展。1834年,各州反杰克逊的政治团体的领导人在华盛顿举行一系列的聚会,商议推举总统候选人,以便在1836年的总统选举中战胜民主党。这些人组建起一个新的政党——辉格党,辉格党代

---

① 张定河、白雪峰:《西方政治制度史》,山东人民出版社2003年版,第315—316页。

表北部工商业资产阶级和与之有联系的南部种植园主,主张保护关税政策、限制奴隶制扩大到新州并逐步废除奴隶制。①

与政党成长密不可分的选举制度改进,在19世纪20年代末30年代初迈出了重大步伐。从建国到19世纪20年代,由于选民资格受财产限制,大多数美国人不享有选举权,被排除在政治参与主体之外,实为政治派系的政党,主要活动范围限于首都华盛顿,并无稳定的全国性群众基础。20年代,一些州开始取消财产限制,加上人口的增长,投票人的规模迅速扩大。1824年参加总统选举投票的选民为35万人,占成年白人男子总数的26.9%,1828年选举总统的投票人增加到115万,占成年白人男子的57.6%。② 到了30年代,绝大多数州已取消对选举资格的财产限制。1832年的总统选举,除南卡罗来纳州外,其他州的总统选举人实际上已由州议会选举改为由选民直接选举,而在1816年,约一半的州的总统选举人由州议会选举。自30年代起,总统选举成为全国性的、有众多选民参加的政治活动。③

在1840年的总统选举中,民主党与辉格党首次以全国性政党的面目出现在美国政治舞台,当年,辉格党的总统候选人哈里森获胜。1844年和1848年出现两党轮流执政。随着南北各州围绕奴隶制问题的冲突日益尖锐化,民主党主要成为南方奴隶主的政党。在1852年的总统选举中,辉格党内部南北两派分裂,在总统选举中失败。1854年,代表北方工商业主的北方辉格党人、部分反对奴隶制的自由党人及其他废奴组织联合起来,

---

① 李道揆:《美国政府和政治》(上册),商务印书馆1999年版,第155—156页。
② Frank J. Sorauf, *Party Politics in America*, 4th ed., Boston: Little, Brow, 1980, p. 19.
③ 李道揆:《美国政府和美国政治》(上册),商务印书馆1999年版,第156页。

成立新的政党——共和党。1860年,共和党总统候选人林肯在选举中胜出。

经过内战,南方奴隶制走向终结,经过战后重建,南方民主党人的骨干分子由原来的奴隶主转变为适应工商业发展的农场主或工厂主。随着资本主义生产方式在全国确立,民主党与共和党在根本的经济利益和政治观上已无原则性的分歧,都是生产方式中居于支配地位的资产阶级的政党。19世纪70年代,民主党的力量逐渐恢复,在1876年的总统选举中,"共和党仅比民主党多1张选举人票,而民主党则多得25万张普通选票。为了获得民主党对共和党在联邦继续执政的首肯,共和党决定撤销对南部最后三个州的军事管制,承认民主党对南部各州的完全控制……但是民主党的核心力量已经转向了北部,它与共和党一起大力推进有利于工业资产阶级的全国性政策,同时从地域的、集团利益的差别出发与共和党展开角逐。"① 1844年,民主党在内战后的总统选举中首次获胜,打破了共和党人连续执政的局面,从此开始了代表资产阶级根本利益和普通意志的共和党、民主党两党在宪法框架下通过竞争性选举和平、有序地轮流执政的历史,政党制度得以稳固地确立。

3. 文化传统的生成

美国社会首先是由英裔定居者开创的社会。亨廷顿在《我们是谁?》一书中对美国的文化传统论述道:"美国的核心文化向来是,而且至今仍然是17—18世纪创建美国社会的那些定居者的文化。这一文化主要包括基督教信仰,新教价值观和道德观念,工

---

① 刘绪贻、扬生茂总主编::《美国通史》第3卷,人民出版社2002年版,第188页。

作道德，英语、英国式的法律，司法和限制政府权力的传统，及欧洲的文学、艺术、哲学和音乐传统。在这一文化的基础上，定居者们于18—19世纪建立了'美国信念'，其原则是自由，平等，个人主义，代议制政府和私有财产制。后来一代又一代移民则同化于这一文化之中，又对它有所贡献和修订，但并没有使它有什么根本的改变。这是因为，至少到20世纪后期为止，正是盎格鲁—新教文化及其创建的政治自由和经济机会，才把移民吸引到美国来。"①

诚然，英裔新教徒作为北美早期的定居者，他们的观念、理想、信仰、追求构成了美国文化的底色。新教伦理中既强调节欲、勤俭、"救赎"灵魂，又突出个人奋斗、积极进取为"上帝选民"的天职，暗合经济理性主义，有利于孕育市场精神和企业家品质。由于在母国受到压迫，离乡背井的英裔定居者因而更加崇尚、珍视其原有的文化中的法治、自由、契约基因。但一个基本的事实是，美国文化传统并不是由"盎格鲁—新教文化"的简单延续和发扬而成，而是由美国的创造性政治、经济实践投射到美国人心中不断积累而成。美国宪法的创制与联邦政府的建立是形成美国民主、法治理念的关键环节。华盛顿总统在1786年8月11日写给约翰·杰伊的信中说："短短数年，变化竟如此的惊人，据闻，即使德高望重的人物也在无所顾忌地谈论君主政体。言论出自思想，再进一步即往往成为行动。这一步却是无法挽回和重大的一步。"②

如果华盛顿所言不虚，显然，没有积极有效的举措，所谓的

---

① ［美］塞缪尔·亨廷顿：《我们是谁？》，程克雄译，新华出版社2005年版，第36页。
② ［美］《华盛顿选集》，商务印书馆1983年版，第230页。

第五章　国家能力的发展机理

"盎格鲁—新教文化"不是将在君主制下萎缩,就是将在社会的混乱中淹没。正是由于开国一代殚精竭虑地破天荒创制了美国宪法并依据宪法建立起有效运转的联邦政府,民主、法治理念才开始逐步在美国扎根。

制宪过程中联邦党人与反联邦党人的激烈争论亦清楚地说明:单是"盎格鲁—新教文化"没有也不可能为美国人提供民主、法治共识。同样,"盎格鲁—新教文化"也不会自动地生长出市场精神,同为来自英国的新教徒及其后代,既可成为资本家,也可成为奴隶主。是资本主义生产方式比种植园的奴隶制生产方式更具有先进性,更能有效地产生物质财富,使北方工业资产阶级在战争中战胜南方的奴隶主阶级;使南方的奴隶主转变为农场主或工厂主不但不会降低他们的获利水平,反而会给他们带来更大的利润,使得南方得以重建,使得市场精神进驻南方统治阶级的内心世界。"思想一旦离开'利益',就一定会使自己出丑。"① 当资本主义生产方式在美国全面确立,资产阶级两党形成稳定的共识性竞争格局,立宪的国家体制得以巩固,与这一实践进程相伴随,以市场精神、民主—法治理念为内核的文化传统也就相应地生成了。

综上所述,以机器大工业与市场经济相结合的生产方式、立宪的国家体制、以市场精神、民主—法治理念为内核的文化传统是相互支持的互动结构,在内战以前已具雏形(北方),随着南方完成重建,走上工业资本主义发展道路,资产阶级两党制得以正式定型,这一结构大约在19世纪80年代正式形成。对美国而

---

① 《马克思恩格斯全集》第2卷,人民出版社第1版,第103页。

言，工业时代的国家能力的支撑结构的形成意味着：（1）美国联邦政府将拥有持续有效地对社会实施统治与管理的能力；（2）美国由于拥有庞大的疆域，无论是人口自然增长，还是吸收外来移民，都必然会拥有庞大的社会规模，只要生产力发展水平跻身世界前列，就必然会成为世界强国。

5.2.4 首强地位的取得及其限度

相对于英法等国，美国工业起步较晚，一方面，面临英法厂商的竞争压力；另一方面，可以借鉴欧洲的经验和技术，在一个较高的起点上加速前进。对于前者，联邦政府的关税保护有效阻挡了外国商品对美国民族工业的冲击，而国内统一大市场的旺盛需求和激烈竞争又不至于因排除外国厂商的竞争而陷入技术进步的停滞。但要在国际市场与欧洲商品相竞争，就必须是国际先进水平的工业技术，英法等厂商的竞争压力仍然是美国企业界发奋图强的动力。后者则是美国厂商加快技术进步的有利条件，加上工厂主追求利益的内在动力，联邦政府保护技术专利的激励，使美国就全国而言尚未完成第一次工业革命之时，却率先掀起了第二次技术革命的高潮。以爱迪生发明白炽灯、改进照明设备，威斯汀豪斯发明交流电传输系统、研制出恒压交流发电机，贝尔发明电话为基本标志，美国在电力技术上的突破与广泛应用为核心的第二次技术革命使其走到了世界的前列。

与美国技术突飞猛进相呼应，美国人口迅速增长。1860—1900年的40年之间，美国人口由3100万增加至7600万，其中外来移民占很大一部分，约有1400万人，移民高峰期为1881—1890年，共计520万。19世纪后期，移民大量涌入美国是美国"拉

第五章 国家能力的发展机理

力"与他国"推力"共同作用的结果。所谓拉力就是指美国快速发展的经济与发财致富的诸多机会的吸引力;所谓推力就是指欧洲国家,主要是东欧、南欧各国人口激增,但其社会经济条件却不足以容纳激增人口而迫使人口向美国流动。①

归结起来,联邦政府与资产阶级联合在美国建立起来的资本主义生产方式、立宪国家体制、市场精神与民主—法治为内核的文化传统相互支持的互动结构,致使生产力的发展与社会规模的扩张相得益彰,使美国基于社会所产生的资源迅猛增长而快速地提升其在国际体系中的能力。内战前,美国工业产值在资本主义世界列第 4 位,还不足英国工业的 1/2。到了 1890 年,美国工业产值跃居世界首位,占世界工业总产值的近 1/3。② 在 19 世纪 80 年代之前,即使是美国最大的产业公司,其资金也不超过 100 万美元,但是到了 1900 年,洛克菲勒的美孚石油公司已经成为一家拥有 1.22 亿美元的跨国公司,而 1901 年金融家摩根将包括卡内基所创办的大公司在内的美国主要钢铁公司合并为美国钢铁公司时,资产更是高达 14 亿美元。欧洲当时之所以未出现如此特大型公司,"原因在于欧洲没有哪家公司可以利用像美国这么巨大、开放、统一的市场"③。社会规模对于世界强国的意义,在欧洲国家逐渐失去技术优势后开始显现出来。财富的优势激发了美国的强国雄心。不过此时的美国在世界上还没有树立权威。1898 年,美国拿衰弱的老牌殖民帝国——西

---

① 刘绪贻、扬生茂总主编:《美国通史》第 3 卷,人民出版社 2002 年版,第 153 页。
② 同上,第 83—84 页。
③ [美] 托马斯·K. 麦克劳:《现代资本主义——三次工业革命的成功者》,赵文书、肖锁章译,江苏人民出版社 2006 年版,第 355 页。

班牙开刀，而且没有悬念地获胜，拉开了其迈向世界舞台中心的序幕。"在19世纪80年代初期，外交家和作家很少用同样的口吻将美国与六个已经被世界公认的强国——英国、法国、德国、奥匈帝国、俄国、意大利相提并论。20世纪初，它们几乎一成不变地将它包括在内了。"①

1914年欧洲列强间爆发第一次世界大战时，美国已拥有近亿人口，工业产值雄踞世界榜首的美国在战争初期坚守中立，大发战争财。德国潜艇在海上击沉美国商船后，美国总统威尔逊于1917年4月2日在国会特别联席会议上发表必须对德国宣战的演说，参众两院以压倒性多数通过威尔逊的战争咨文，美国正式参战。在战争中，英、法、俄、德等列强受到严重削弱，而美国的力量却实现了相对增长。威尔逊总统信心满满地说："金融领导地位将属于我们，工业首要地位将属于我们，贸易优势将属于我们，世界上其他国家期望我们给予领导和指引。"②

1929—1933年，西方资本主义世界发生了资本主义生产方式产生以来最严重的经济危机，自19世纪末20世纪初发展起来的垄断资本主义遭受了濒于崩溃的打击。1932年，富兰克林·罗斯福当选为美国总统，大力推行新政，归结起来，主要有三点：（1）将国家干预与市场竞争结合起来，以国家力量弥补市场的失灵，保持宏观经济的稳定；（2）从更高层次维护资产阶级的整体利益，私人资本仍旧是生产方式的基石，但国家作为总资本家对

---

① Ernest R. May, *Imperial Democracy: the Emergence of America as A Great Power*, New York: Harper & Raw, 1961, p. 6.
② 转引自刘绪贻、扬生茂总主编：《美国通史》第4卷，人民出版社2002年版，第153、437页。

第五章 国家能力的发展机理

私有产权基础上的市场竞争进行适当干预，避免放任竞争导致的最终在总体上的无效率，以保持生产方式的活力与经济增长；(3) 国家介入社会再分配，提供社会福利保障，一方面缓和劳资矛盾和贫富悬殊；另一方面，提高贫困人口的消费水平，刺激市场需求。罗斯福的新政使美国通过自我改进走出了危机。正如罗斯福在1936年演讲中所表明的那样，"1932年接受提名（总统候选人）时，工厂关闭，市场鸦雀无声，银行危若累卵，车船空若无人。1936年的此时此刻，工厂齐奏乐章，市场一片繁荣，银行信用坚挺，车船满载客货往来奔驰。深思熟虑的本政府承担了挽救私人企业和经济民主的美国制度的责任。"①

与美国通过新政摆脱大萧条危机相反，德国、日本、意大利则谋求以法西斯主义方式，即对内实行专制独裁、对外实行武力侵略的方式摆脱危机。1939年，欧洲燃起了第二次世界大战的烽火，1941年日本袭击珍珠港，美国加入到第二次世界大战反法西斯的行列。此后，美国国民经济迅速步入战时轨道。在军火需求的刺激下，美国经济很快进入战时繁荣。1939年，美国国民生产总值为910美元，1945年则高达2136亿美元，同时由于战争需要，科学技术迅猛发展。战前美国的科研力量已形成各自独立的系统。为适应战争需要，1941年6月，罗斯福总统下令成立科学研究与发展局，将分散而独立的科研机构整合在一起，由直属机关集中统一领导，把全国的科研人员和科研设备充分动员起来，从而使美国科学家在原子能、计算机和空间技术等层面取得了新的突破。战后以原子能、电子计算机和空间技术为标志的第三次

---

① 穆良平编著：《主要工业国家近现代经济史》，西南财经大学出版社2005年版，第106页。

技术革命首先在美国兴起。

"二战"结束后,美苏成为超级大国,两国展开了近半个世纪的力量角逐,苏联国家能力是由苏共(政治局)高度集权的国家体制、高度集中的计划经济以及相应的意识形态①相互作用的互动结构支撑。在短期内,苏共凭借指令性计划经济、党政不分的国家政权、意识形态三者的高度统一形成的合力,可以最大限度地将社会的人力、物力、财力集中起来定向使用,推动经济跳跃性增长,在工业、科技、国防等重点领域取得有效的进展。但由于苏共高度集权的国家体制缺乏民主、法治,必然使以苏共为核心的国家政权活力下降。高度集中的计划经济由于缺乏市场竞争,必然使生机萎缩。与此相对应,意识形态必然日趋僵化并失去号召力。因而在与美国的力量角逐中,虽然苏联的军事技术水平尤其是航天技术曾一度领先美国,但其国民生产总值即使在最好的情况下也只是达到美国的一半。20世纪70年代中期以前,苏联与美国的实力差距趋于缩小,但此后双方差距持续拉大。

布热津斯基洞悉苏联力量本质上的虚弱,他断言:"在美苏争夺中,对美国来说,保持不输就意味着赢;对苏联来说,不赢即意味着输。"② 由于苏美都是核大国,在核恐怖相互毁灭的阴影下,双方都不可能靠使用军事力量战胜对方。两国争输赢的关键在于各自国家能力的支撑结构的优劣。戈尔巴乔夫对此似乎有所察觉,但他在试图改进国家能力的支撑结构的过程中,忽视了这

---

① 由于苏联存在时间较短,尚未形成稳定的文化传统,在精神领域起作用的是较浅层次的意识形态。
② [美] 布热津斯基:《运筹帷幄》,刘瑞祥、潘嘉玢译,译林出版社1989年版,第260页。

第五章 国家能力的发展机理

个互动结构最重要的特质,即国家体制与生产方式、意识形态三者之间并无真正的相互支持关系,维系三者关系的是苏共,一旦苏共权威不足,这个结构便会迅速崩溃。

苏联解体后,美国成为世界上唯一的超级强国。根据前文的理论阐释,这也强化了美国的国家体制、生产方式、文化传统相互支持的另一面——相互固守,从而增加了结构改进的难度,从这层意义上讲,如果美国国家能力支撑结构丧失了不断优化的动力,其衰落也就是迟早的事。但是,在没有一个与之社会规模大致相当的国家构建起比美国更优良的国家能力的支撑结构之前,美国的衰落便只是一种设想,而不是一种事实。以现实主义眼光来看,至少在 21 世纪初叶,美国的国家能力仍将是世界上最强大的。

第六章　结论：国家能力视域的中华复兴

一

本书通过系统地阐释国家能力的涵义，分析国家能力的构成，揭示国家能力的支撑结构，解读国家能力的发展机理，初步建立了一个关于国家能力的理论框架。要点如下：

1. 立论之基：从国家与社会关系维度和国际体系维度及这两个维度的内在关联中对国家进行总体把握。

2. 国家能力是国家从社会积聚资源并将之转化为可资运用的力量，实施对社会的统治与管理，应对他国的竞争与挑战的效能。

3. 国家实施对社会的统治与管理的能力是国家的基础能力。社会是国家的母体，是国家获得赖以存续的资源（人力、财力）的源泉，是国家力量的终极依托，而社会由于无法自我克服由生产方式产生的人们之间的对立与冲突，无法自我组织起来提

第六章 结论:国家能力视域的中华复兴

供经济运行所必需的公共职能,因而只有通过国家实施对社会的统治与管理,社会才能实现有序运行和发展。国家只有有效地实施对社会的统治与管理,社会才能持续地再生产资源,国家才能从社会持续地积聚资源,国家才能存在下去。国家实施对社会的统治与管理的核心是保障生产方式的正常进行。国家实施对社会的统治与管理的能力包括三个基本方面的能力:(1)资源积聚能力;(2)社会控制能力;(3)经济管理与社会服务能力。

4. 国家对社会实施统治与管理是通过公职人员具体行使职权、履行职责来实现的。公职人员和其他人一样,具有自利的一面,如果具体掌握国家权力的公职人员未受到切实的约束与监督,即会置自己的特殊利益于生产方式中居于支配地位的统治阶级的总体利益及整个社会的共同利益之上,导致国家对社会实施的统治与管理偏离维护生产方式正常进行的核心职能,从而在经济上引发混乱,在政治上招致包括生产方式中居于支配地位的统治阶级在内的社会成员的普遍抗拒。经济上的混乱使国家可从社会积聚的资源日益减少,社会的普遍抗拒使国家实施对社会的统治与管理所需消耗的资源日益增加,在此种情形下,不管国家拥有多么庞大的资源储备都将不可避免地造成国家对于资源的积聚赶不上国家实施对社会的统治与管理(其自身和行为对象)对于资源的消耗。而国家从社会积聚的资源愈是入不敷出,国家也就愈是难以维持对社会的统治与管理,国家愈是难以维持对社会的统治与管理,国家从社会积聚的资源也就愈是入不敷出,国家也就必然在这样的恶性循环中走向崩溃,从而导致国家的失败与社会的失序。

在短期内,掌握国家权力的最高领导者(层)设置精致的内部权力调控网络，可以在一定程度上克制公职人员手中权力的"异化"。长期而言，只有将生产方式中居于支配地位的统治阶级的力量与国家内部的调控力量有机地结合起来，才能对公职人员形成切实的约束与监督，才能保证公职人员正当行使权力、履行职责。其中，统治阶级的力量是基础性的，因为统治阶级的力量状况从根本上决定着国家体制，国家的内部调控是在国家体制中进行的。

统治阶级的力量包括两个方面：一是统治阶级作为一个阶级的意识形态力量；二是统治阶级作为一个阶级的组织与行动力量。在前工业时代，生产方式中居于支配地位的统治阶级可以形成自己的意识形态力量，例如古代中国的儒学，但对于较大规模社会而言，由于受生产力发展水平的限制，统治阶级是不具有组织与行动力量的。到了工业时代，交通运输的便利、信息传递的快捷、经济联系的紧密等客观条件的具备，在较大规模社会，生产方式中居于支配地位的统治阶级才不仅可以形成自己的意识形态力量，而且可以将自己组织起来作为一个阶级来行动，从而真正成为政治上的统治阶级。

5. 公职人员受到切实的约束与监督并非国家有效实施对社会统治与管理的充分条件，而是必要条件。统治阶级的力量与国家内部的调控力量有机地结合起来，其深层的含义在于搭建起生产方式中居于支配地位的统治阶级与国家体制中的公职人员阶层支持性互动的桥梁，在国家体制与生产方式之间形成支持性互动关系，由此确立国家有效实施对社会的统治与管理的实践进路。不言自明，与生产方式的正常进行最有利害关系的无疑是经济上的统治阶级，统治阶级的力量与国家内部的调控力量有机地结合起

第六章 结论：国家能力视域的中华复兴

来，就在约束与监督公职人员的同时，给这种约束与监督赋予了内在的生命力：一方面，受到约束与监督的公职人员正当地行使职权、履行职责，以保障生产方式的正常进行；另一方面，公职人员行使职权、履行职责，受到统治阶级的支持。由此形成国家体制与生产方式相互支持的互动关系。

在统治阶级的力量没有制度化地融入国家体制的情形下，单靠国家内部的自我调控力量并不足以克制具体行使国家权力、执行国家职能的公职人员将自己的特殊利益置于生产方式中处于支配地位的统治阶级的整体利益及整个社会利益之上，国家体制与生产方式在实践上便是冲突的，国家也就不能有效实施对社会的统治与管理。

单靠制度化地融入国家体制的统治阶级的力量同样不足以克制公职人员将自己的特殊利益置于生产方式中处于支配地位的统治阶级的整体利益之上，但统治阶级力量制度化地融入国家体制，在此基础上，优化国家体制的要素及要素的组合，将生产方式中处于支配地位的统治阶级的力量与国家内部的自我调控力量有机地结合起来，从而在国家体制中蕴涵着统治阶级与公职人员阶层支持性互动的实践机制，构建起国家体制、生产方式、文化传统相互支持的互动结构，国家则拥有有效实施对社会的统治与管理的能力。

6. 国家应对他国竞争与挑战的能力可细分为：（1）维护主权与领土不受侵害的能力；（2）参与创建国际机制的能力；（3）国家力量提升的能力。国家应对他国竞争与挑战的能力之强弱取决于所统辖的社会产生的资源是否具有相对于他国所统辖的社会产生的资源的比较优势。国家拥有有效实施对社会的统治与管理的能力并不一定拥有有效应对他国的竞争与挑战的能力；但国家不具备有效实施对社会的统治与管理的能力，必然不具备有效应对他国的竞争与挑战的能力。国家间的竞争与挑战最终总是归结为各自社会产生的资源对比的较量。国家所统辖社会的规模（国土面积和相应的人口数量）、生产力发展水平具有相对于他国所统辖社会的规模、生产力发展水平的综合优势，则国家所统辖社会产生的资源具有相对于他国所统辖社会产生的资源的比较优势。国家如果能找到适当方式将具有比较优势的资源转化为具有比较优势的现实力量，则国家在国际竞争与挑战中占据优势地位，从而具备有效应对他国竞争与挑战的能力。国家所统辖社会的规模不是天然形成的，而是以某一地域为发祥地逐渐扩展而来，"开疆拓土"只是第一步，最重要的是，国家要具有对扩展后的疆域进行有效的统治与管理的能力。这取决于国家政权的领导集团和统治阶级的精英阶层能否在扩展后的疆域构建起国家体制、生产方式、文化传统相互支持的互动结构，否则，由"开疆拓土"而得以扩展的社会规模是无法巩固的。生产力是人的生产力，是人与人结成一定生产关系中的生产力，生产力在深层次上决定着生产关系，而生产力又是在生产关系中发展的，生产力与生产关系的相互作用构成生产方式。无论是控制生产方式中人们之间的对立与冲突、提供必要的公共管理与服务以保障生产方式的正常进行，还是在国际竞争与挑战的压力下改进生产方式以促进生产力的发展，都是通过国家有效实施对社会的统治与管理来实现的。

7. 在成熟工业社会，生产方式中居于支配地位的统治阶级凭借意识形态力量和组织与行动力量，不仅可以依据本阶级的最基本的利益、意志来选择和设计国家体制，而且能够以自己的力量

第六章 结论：国家能力视域的中华复兴

维护其所选择、设计的国家体制。于是，经济上的统治阶级上升为真正的政治上的统治阶级，建立起生产方式中居于支配地位的统治阶级与公职人员阶层更高层次的支持性互动的桥梁，在国家体制与生产方式之间形成更高层次的支持性互动关系，并在此基础上生成更高层次的文化传统，文化又反过来滋养国家体制和生产方式，从而构建起远比前工业时代更高质量的国家体制、生产方式、文化传统相互支持的互动结构。国家由此拥有持续地对社会实施统治与管理的能力，走出前工业时代那种因政治实体蜕变导致国家体制扭曲而发生周期性的国家体制与生产方式、文化传统相互支持的互动结构的修复、破裂相对应的治乱循环的困境。

8. 在当今及以后的世界，一国企图通过领土征服来拓展疆域、扩大社会规模，其可行性已经很小了。由历史传承而来的国家所统辖社会的规模，客观上规定着国家应对他国竞争与挑战的能力相对增长的限度。长远地看，能够在全球层次展开竞逐的是那些拥有洲级社会规模的国家。

强国过去是、现在是、将来仍然是由拥有强国抱负的国民（在执政者和统治阶级的精英阶层的带领下）基于必要的历史条件通过创造性奋斗来获得、维持的。拥有洲级规模社会的候选强国要成为现实强国，其国民必须发挥主观能动性构建起机器大工业与市场经济相结合的生产方式、宪法刚性约束下的国家体制、市场精神与民主—法治理念为内核的文化传统相互支持的互动结构，加速生产力发展，使生产力水平具备先进性，以拥有相对于他国而言具有优势的资源。

已经成为全球层次的现实强国要继续作强国，其国民必须发挥主观能动性随着生产力的发展适时改进、优化现存生产方式、国家体制、文化传统相互支持的互动结构，从而保持生产力水平的先进性，使其所拥有的相对于他国的资源优势得以维持。

二

在运用前述国家能力理论论析中华复兴之前，还有必要对前工业时代与工业时代国家能力支撑结构的关键构件作进一步强调和阐释。前工业时代国家能力支撑结构的关键构件是官德，工业时代国家能力支撑结构的关键构件是民主。面向中国实践的国家能力理论的运用是二者精髓的融会贯通，而不是一种简单的取舍或混合。

国家能力是由国家体制、生产方式、文化传统相互支持的互动结构支撑的。构建该支撑结构的关键在于将生产方式中的统治阶级的力量制度化融入国家体制，建立起经济上占统治地位的阶级与国家公职人员阶层之间良性互动的实践机制。对于正处于转型时期的中国而言，深入剖析前工业时代与工业时代国家能力支撑结构的关键构件，有助于更好地从国家能力视域把握中华复兴这一时代大课题。

（一）前工业时代国家能力支撑结构的关键构件：官德

在前工业时代长达数千年的人类文明史上，所有大国最终都无一例外地实行君主制，唯有中国建立起以德相配的君主政体，开创出德治政治模式，构建起前工业时代最高质量的国家能力支撑结构。其他大国，改朝换代的结果是毁坏政治统一性，源于君主制只是君主制。中国改朝换代的结果是重建政治统一性，源于

第六章 结论：国家能力视域的中华复兴

君主制是以德相配的君主制。

通过官德教育养成官吏的为官之德，既是成就德治的关键条件，也是构成德治的重要内容。这并非一时的权宜之举，而是在把握深层政治规律基础上的一种为政必然。剖析前工业时代国家能力支撑结构的关键构件——官德，可以也应当以中国古代官德为样本。

1. 中国古代官德的内容体系

自汉武帝"罢黜百家，独尊儒术"，主张"为政以德"的儒学由一家之言的私学上升为国家的政治指导思想，超越历次王朝兴衰更替的震荡，在长达2000余年的政治变迁中始终处于牢不可破的官学地位。由此，形成了以儒家经典为教本、以儒家学说为教义的中国古代官德教育传统。官之大德、为官的道德规范与德行操守构成官德内容体系的两个基本层次。

（1）官之大德

官吏是在与一定的生产方式和国家体制相联系的国家机构中担任公职、行使权力、履行职责的特殊职业群体。国家是从人们根源于生产方式的社会对立与冲突和控制社会对立与冲突的需要中产生的。同时，国家也是从社会中分化出来的公共管理组织。物质资料的生产是人类存在和发展的基础，维护生产方式的正常进行是官吏这一特殊职业群体的根本职责。而这一职责的实现是通过官吏群体共同维护整个国家体制的有效运转，从而确保国家的各职能部门形成有机的合力，以有效实施对社会的统治与管理及公共服务来达成的。所谓官之大德，即为官者内化于心的以维护国家体制的有效运转，维护生产方式的正常进行为己任的职业使命和价值追求。

中国古代官之大德，即是培养官吏树立以维护君主制国家体制的有效运转，维护小农经济生产方式的顺利进行为己任的职业使命和价值追求。其要点为："道高于君"，"以道事君"，"臣事君以忠"。"道"是儒家倡导的源于现实又高于现实的小农经济社会的理想社会秩序与状态，是小农经济生产方式对于国家政权运行的本质要求。一方面，强调贵贱有等，上下有序，统治阶级与被统治阶级、剥削者与被剥削者各安其位；另一方面，强调以民为本，"民为邦本，本固邦宁"，实行仁政，德教为主，刑罚为辅，化民成俗。

在君主制的国家体制下，君主一人系天下安危、祸福。小农经济本身十分脆弱，社会剩余微薄，抗风险能力低。官吏作为联结君与民的纽带，如果一味盲从君主，君无道则只能是助纣为虐，最终导致天下动荡、王朝灭亡。

在君有道的情形下，道与君统一，"事君以忠"就是官之大德所在，在道义的指引下达成君臣一体的深度融合，以君主为核心齐力维护国家体制的有效运转，维护生产方式的正常进行，从而实现天下大治。

在道与君难以契合时，官之大德就体现为重道义而轻权令，从道不从君。"邦有道则仕，邦无道则可卷而怀之。""不义而富且贵，于我如浮云。""居天下之广位，立天下之正位，行天下之大道；得志，与民由之，不得志，独行其道；富贵不能淫，贫贱不能移，威武不能屈，此谓之大丈夫。"在这种情形下，从某一时看，臣对君表现为不合作，甚至一定程度的对立；但从长远看，其维护的是体制性的君主权威与君权的正当性。

在君主偏离道义时，为臣者坚持道义的取向，劝谏君主回归道义的轨道，按道义行事，是臣对君的"大忠"。

当臣对君之无道无力回天，仍坚持"以道事君"，效忠的对象实际上已不是现世的君主，而是由小农经济生产方式决定的必然会不断重建的君主制国家体制。继而往往通过以身殉道，传官之大德于后世，寄希望于来者，在继起的王朝，哺育出一批新的忠勇之士，铁肩担道义，突破王朝更迭、人事代谢的局限，维系文明的延续与昌盛。这是官之大德在特定情形下的一种历史升华。

（2）为官的道德规范与德行操守

官吏和其他人一样，具有自身的利益追求。如果未受到相应的制约，掌握着公权力的官吏追求自身利益的危害将远大于一般社会成员，其手中的权力将不是用来履行职责，而是化为谋利的工具，必然导致贪腐横流，政事荒废，社会失范，国将不国。就官吏履行职责过程中的道德约束与激励而言，仅靠前述的"大德"是不够的，还需配以具体的道德规范与德行操守。在以德治国的中国古代史上，为官的道德规范与德行操守是官德教育内容的主体部分。

《周礼·天官》曾提出"六廉"的官德标准："一曰廉善，二曰廉能，三曰廉正，四曰廉洁，五曰廉辨。"《云梦秦简》所述为吏之道，列举"吏有五善"："一曰中（忠）信敬上，二曰精（清）廉毋谤，三曰举事审当，四曰喜为善行，五曰龚（恭）敬多让。"《唐六典·尚书吏部》规定以"四善"评判官吏的官德："一曰德义有闻，二曰清慎明著，三曰公平可称，四曰恪勤匪懈。"武则天组织人编撰的《臣轨》，从同体、至忠、守道、公正、匡谏、诚信、慎密、廉洁、良将、利人等10个方面系统地阐述了为臣者应具备的官德。宋代吕本中在《官箴》一书中总结道:"当官之德,唯有三事:曰清、曰慎、曰勤。"明代薛瑄的《从政录》,提出以"居官七要"为官德:"正以处心,廉以律己,忠以事君,恭以事长,信以接物,宽以待下,敬以处事。"

管中窥豹,尽管历代论者在论述为官的道德规范与德行操守教育的内容时各有所侧重,但其核心内容是一以贯之的。总的来看,可以归结为五个基本方面:(1)清正廉洁,秉公去私;(2)勤勉严谨,忠于职守;(3)仁德为怀,惠民为民;(4)以义制利,尚俭杜奢;(5)正己慎交,防微杜渐。

2. 中国古代官德的养成

官德是沉淀于官吏心里的职业使命、价值追求、道德规范与德行操守,是官吏在履行公职时自觉践行的行动指南。官吏的官德不是与生俱来的,也不是自动生成的。在相当大的程度上,官德是通过对官吏持之以恒地实施官德教育培养出来的。在以德治见长的中国古代,官德教育形成了十分发达的实施网络。

(1)官吏入仕前学校的儒化教育

儒学经汉武帝擢升为官学的同时,以教授儒家经义为主旨的官办学校亦应运而生。自汉武帝置五经博士,立太学为全国最高学府,并下诏令"天下郡国皆立学校官",中央与地方两级兴校,作为政府向读书人传输儒家学说的专门场所即成为定制。隋唐以后,随着科举制的实行,中央与地方的学校教育与管理体制更趋完备,施教内容也更加聚焦于四书五经。

与官学日盛相对应,私学也随之趋于繁荣。由于私学的开办者多为饱学大儒及退职之官僚、士大夫,特别是隋唐以后,私人教育机构日益成为读书人科举应试的助考者,儒家的伦理纲常、"德治"主张在私立学校同样被奉为正统思想。私学与官学并行

第六章　结论：国家能力视域的中华复兴

不悖，并成为官学的必要补充。

正是由于政府与民间大兴以讲授儒家经义为主旨的学校教育，"彬彬文学之士"遂成官吏队伍的主体。读书人入仕前在学校所经受的儒学的潜移默化，无形中孕育了其入仕后所秉持的官德的胚芽。

（2）君主为政以德的感召与示范

为政者以身作则是德治的基本要件。孔子曾言："政者，正也，子帅以正，孰敢不正。"孟子进一步讲："君仁，莫不仁；君义，莫不义；君正，莫不正。一正君而国定矣。"荀子说得更直白："凡奸人之所以起者，以上之不贵义，不近义也。"君主为政以德，对于官吏群体的官德养成具有不可替代的集权威与感召于一体的普遍示范效应。

在中国历代王朝更迭中，凡为政以德的君主，身边总能聚集一批德厚才高的治国贤臣，他们既为国之柱石，亦为天下官吏之楷模，于是德才兼备者云集，盛世可期；凡为政失德的君主，则难免被奸佞之徒包围，忠臣廉吏日稀，政风日下，吏治日坏，民生日蹙，国亦随亡，即便未立时崩解，亦是气息奄奄，苟延残喘。正如诸葛亮在《出师表》中总结汉王朝衰败的原因时所言："亲贤臣，远小人，此先汉所以兴隆也；亲小人，远贤臣，此后汉所以倾颓也。"

君主为政以德，上行下效而德厚，有助于养成当朝官吏的优良官德；君主为政失德，上行下效而德薄，必然毁坏当朝官吏的为官之德。对于后世而言，它们在一定意义上是相通的：君主为政失德对于官德的危害，以反例提醒着君主为政以德对于官德建设的重要引领价值。

(3) 实行以德为先、德绩并重的官吏考绩制,制度化地推进官德教育

自秦汉大一统中央王朝始,历代都注重将官德考评纳入官吏的考绩内容,在考绩制度设计上,坚持将德放在首位、德绩并重的基本原则。

秦以"五善五失"对官吏进行考绩,"五善"即指"中(忠)信敬上,精(清)廉毋谤,举事审当,喜为善行,龚(恭)敬多让"。汉承秦制,并进一步完善了考绩制度,考核的频率为每年一小考,三年一大考,由上级考核下级,最后将考核结果汇集于丞相、御史两府,由两府总其成上奏皇帝。隋唐时期的官吏考核开始走向标准化、程序化,官吏考核由吏部主管,考功司负责实施。考绩的内容,一是德行("四善",即德义有闻,清慎明著,公平可称,恪勤匪懈);二是业绩("二十七最")。宋代、明代、清代的考绩制度,针对实际情况对具体内容有所增减,以德为先、德绩并重的基本原则沿袭不变。

考绩制度的实施,特别是依据考绩结果,奖优罚劣,蕴涵着制度化的官德导向、指引、监察与矫正功能。这些功能的发挥,既有助于促进官德的完善,也有助于防治官德的病变。

(4) 以多种方式劝诫、勉励官吏持守官德

通过对官吏予以劝诫、勉励,使其向官德高尚的人看齐,以失德官吏的可耻下场为诫,不断提高官德修养,坚定持守官德的意志,是古代官德教育的重要环节。教育官吏持守官德的劝诫、勉励主要有以下几种方式。

其一,将为官所应具备的官德与为官之道编撰成多种"官箴"书籍让官吏学习,提高官吏的道德素质与为官的精神境界。

第六章 结论：国家能力视域的中华复兴

官箴的作者大多是名臣大儒，他们或基于自己从政的切身体会与经验总结，或基于对治乱兴衰的透彻观察与深入研究，写给官吏的有关为官之德的指导与告诫具有较强的说服力。

其二，以史为鉴。中国古代有一个后世王朝组织专人为前朝修史的传统，修史者意在儒家仁德政治观指导下，陈述前朝兴亡过程，总结成败得失，评价善恶忠奸。前事不忘，后事之师。历代正史即成为官德教育生动的系列教材。

其三，树立官德榜样，对官吏进行正面教育。一是对那些官德高尚、政绩突出的官员予以提拔重用，如东晋吴隐之因清正廉洁、勤于政事由广州刺史升任前将军；清康熙朝于成龙因其廉能三次被举"卓异"。二是对那些为官堪称楷模者死后给予政治殊荣并恩泽其家属子孙，如包拯谥号"孝肃"，海瑞谥号"忠介"，后世修史将其事迹载入《循吏传》、《良吏传》等。从而在官吏中形成以廉洁勤政为荣，为官者尚德的良好官风，促使官吏以榜样为参照，不断提高官德水准。

其四，惩治贪腐，对官吏进行警示教育。秦汉及其后的历代王朝都力图通过对官吏实施严格的监察制度，严厉追究职务犯罪，严惩贪官污吏，以儆效尤。被查处者，依据不同的具体情形予以降职、罢官、服刑、杀头，甚至株连家人的处罚。比较极端的做法，如明太祖朱元璋规定，官吏贪赃六十两以上者，枭首示众，并剥皮充草，立于衙门公座旁，以使官吏触目惊心。从而收到为官者以贪官污吏的下场为戒，遏制贪欲之念，洁身自好，持守为官之德的教育功效。

其五，家训。农业社会的基本政治特点是行政权力支配社会。中国古代给予读书人入仕为官的制度安排，使得读书做官成为家族的一种特别追求。在宗法族谱上，对为官者总是浓墨重彩予以详细记述，整个家族引以为荣。同时，宗族家长也担心为官的子弟不守官德，祸及家族甚至酿成灭门之灾。因而，家族的长者对于外出为官的子弟多予以谆谆教导，希望他们做清官、做好官，光耀门庭，并告诫他们不要贪赃枉法；否则，生不入族谱，死不入祠堂。家训，这种利用家长的威望和骨肉亲情对为官者进行规劝的方式，往往可以收到特殊的官德教育效果。

（5）修身正己的官德自我教育

儒家将修身看做为政之本，通过修身而正己达到治国平天下的德治理想。孔子强调："修己以敬"，"修己以安人"，"修己以安百姓"。孟子提出性善论，认为"性善"为人之大性，存于心，仁、义、礼、智为心之四端；耳目口鼻之欲为小性，表现在与外物的交往中。通过修身，使心之大性控制住耳目口鼻之欲这些小性，人就能保住性善的本质，否则，就将在欲望的驱使下走向迷途。"仁义礼智，非由外铄我也，我固有之。""耳目之官不思，而蔽于物，物交物，引之而已矣。心之官则思，思则得之，不思则不得也。此天之所与我者。先立乎其大者，则其小者弗能夺也。""学问之道无他，求其放心而已矣。""凡有四端于我者，知皆扩而充之矣……苟能充之，足以保四海。"这种扩充，旨在建构起由家而国的普遍人伦关系，实现家国一体，达到天下大治。因而，"天下之本在国，国之本在家，家之本在身"。

《大学》对修身与治国的关系作了更为系统的阐述："古之欲明明德于天下者，先治其国；欲治其国者，先齐其家；欲齐其家者，先修其身；欲修其身者，先正其心；欲正其心者，先诚其意；欲诚其意者，先致其知。致知在格物，物格而后知至，知至而后

第六章　结论：国家能力视域的中华复兴

意诚，意诚而后心正，心正而后身修，身修而后家齐，家齐而后国治，国治而后天下平。自天子以至于庶人，壹是皆以修身为本。其本乱而末治者，否矣。其所厚者薄，而其所薄者厚，未之有也。"在平天下、治国、齐家、修身、正心、诚意、致知、格物八者之间，以修身为枢纽，格物、致知、诚意、正心是修身的方法与途径，齐家、治国、平天下是修身的外化与事功的体现。即所谓"知所以修身，则知所以治人"。

修身正己对于官德教育而言，是官德的自我完善过程。至于如何实现从格物到致知，从致知到诚意，从诚意到正心，最后从正心到修身，不同时期的儒家代表人物看法不尽相同。孔子主张学思并重，克己复礼、言行一致，以义制欲；孟子强调"反省内求"；荀子重视"践行"与"致诚"；朱熹提出通过"持敬"、"穷理"、"立志"、"笃行"达到"存理灭欲"，王阳明看重"致良知"与"知行合一"。归结起来，修身正己的官德自我教育，其要旨在于，为官者将立基于小农经济生产方式之上的君主制国家体制正常运转所要求的官德的理想模式，内化到自己的心里，成为一种内在的心理素质，以达到即使在"独处"时也能自觉持守的修养境界。

3．历史镜鉴与启示

把握中国古代官德教育的内在机理，是把握中国古代国家能力支撑结构关键构件——官德蕴含的历史镜鉴与启示的前提。

国家自社会中分化出来，作为"表面上凌驾于社会之上的力量"[1]，在形式上是独立于社会的。但社会始终是国家的母体，是

---

[1]《马克思恩格斯选集》第4卷，人民出版社1995年版，第170页。

国家获得赖以存续的资源的源泉。社会由于无法控制源于生产方式产生的贫富对立与冲突，无法提供社会生产所必需的公共管理与服务，因而内在地需要国家的统治与管理，以维护生产方式的正常进行。国家也只有对社会有效地实施了统治与管理，从而维护了生产方式的正常进行，才能不断地从社会获得赖以存续的资源，国家本身才能存在下去。

国家在形式上独立于社会是其以整个社会正式代表的身份对全社会实施统治与管理的前置条件，而形式上独立于社会的国家，其对社会的统治与管理也就必然由具体行使国家权力的职业化、专门化的官吏群体合力履行职责来承担。当历史的车轮还未驶入工业时代，还不具备交通运输的便利、信息传递的快捷、经济联系的紧密等客观条件，生产方式中居于支配地位的统治阶级还不能将自己组织起来作为一个阶级来行动，从而真正成为政治上的统治阶级，要扬弃以德相配的统治阶级意识形态力量软约束下的君主制国家体制，就只能是一种徒然。

也就是说，只要生产方式中居于支配地位的统治阶级还不具备以自己的组织与行动力量将本阶级的普遍意志与整体利益凝聚为宪法的正式表达形式，并以自身的力量保障宪法在社会政治生活中具有最高权威，即在民主基础上建立法治国家，构建以德相配的统治阶级意识形态力量软约束下的君主制国家体制便成为具体历史条件下的优化之选。

然而，这种以德相配的统治阶级意识形态力量软约束下的君主制国家体制相对于工业时代以统治阶级的组织与行动力量硬约束为显著特征的民主制国家体制，并非是量上的区别，而是质上的分野。在全球范围国力竞逐日益激烈的大背景下，工业时代的民主制国家

第六章 结论：国家能力视域的中华复兴

体制一旦建立起来，非民主制的国家体制就面临着向民主制国家体制转型的系统压力，并与社会的整体性结构性转型联动。

转型是一个艰巨而复杂的历史过程。在转型过程中，经由官德教育培养公职人员的为官之德，不仅是国家能力发展的需要，也是转型本身的需要。转型中的官德教育不仅要培养公职人员常规的为官之德，发挥官德对官吏的约束与激励作用，更重要的，是要养成公职人员与新的生产方式培育内在要求相一致的理想信念和创新精神，在转型期发挥官德对于公职人员构建并维护新的生产方式的引领功能。

（二）工业时代国家能力支撑结构的关键构件：民主

从词源上看，"民主"这一用语是古希腊人的发明，意为"人民的统治"。从政治实践看，也是古希腊人最先创立了民主政权，一种公民大会式的民主。萨托利（Sartori）曾断言："关于建设民主国家、如何在庞大人口聚居的广阔领土上而不是在一个小城市里实行民主制度，古代民主制度不可能传授给我们任何知识。"① 诚然，萨托利的论断未免绝对。但我们的确应当注意到，古希腊的民主是植根于城邦的，内在地受到只能容纳一个小规模的公民人数的刚性制约，而"在一个向着大国或帝国发展的世界中，小小城邦是无法与之抗衡的"②。城邦注定走向衰落，与之如影随形的城邦民主制不可避免会遭遇历史的淘汰。如果我们不是

---

① ［美］萨托利：《民主新论》，冯克利、阎克文译，上海人民出版社2009年版，第306页。
② ［美］马文·佩里主编：《西方文明史》上卷，胡万里等译，商务印书馆1993年版，第89页。

沉湎于民主的知识考古，而是着眼于现实的民主建设，对于民主的理解，就不能以昙花一现的古希腊城邦民主为起点。

　　古希腊城邦民主瓦解后，民主，无论是在理论上还是实践上都长期处于沉寂状态。① 直到工业革命到来，机器大工业取代工厂手工业，市场经济取代自然经济，资产阶级迅速成长并上升为第一阶级，民主才再次成为热点。当然，人们再次寻求的民主已不是2000多年前的城邦民主。而新的民族国家层次的资本主义民主的政治大厦一旦建立起来，西方学界对于民主的论述便聚焦于这个大厦的地上部分，其地基则被有意无意地忽略了。

　　自西方资本主义民主面世以来，不少国家模仿其民主的样式，开启民主化航程却未能到达民主的彼岸，而是在民主化中陷入政治衰败与社会动荡的泥潭，从而不得不"去民主化"重新回到不民主的状态。一个国家民主化失败的原因是多方面的，不同国家民主化失败的原因亦不尽相同，但有一点是确定的，理论是实践的先导，理论上对民主的认识似是而非，必然在实践上将民主化引入歧途。拨开西方主流民主话语的迷雾，科学揭示民主的实质与生成机理，对于构建工业时代国家能力支撑结构具有极为重要的理性指引价值。

　　1. 西方民主的表现与实质

　　透过浩如烟海的有关民主研究文献的分析，不难注意到，在当代西方主流学界，民主，首先是指定期的竞争性选举。熊彼特（J. A. Schumpeter）1942年在《资本主义、社会主义与民主》一

---

① 正如达尔所言："20世纪以前，世界上大多数地方都声称，非民主制度无论是在理论上或实践上都更优越。"罗伯特·达尔：《论民主》，李柏光、林猛译，商务印书馆1999年版，第52页。

第六章 结论:国家能力视域的中华复兴

书中提出:"民主的方法就是那种为作出政治决定而实行的一种制度安排,在这种安排中,某些人通过争取人民的选票而取得作出决定的权力。"① 这一经验的、描述的、程序的民主定义在与其他民主概念的比较争鸣中逐渐成为西方学界流行的民主定义。亨廷顿曾作过总结性的评论:"民主政治的核心程序是被统治的人民通过竞争性的选举来挑选领袖。民主概念的这一最重要的现代内涵是由约瑟夫·熊彼特在1942年探讨出来的……在第二次世界大战后的某个时候发生了一场持续很久的辩论……到70年代,这场辩论结束了,熊彼特赢了……理论家们越来越注重在两种民主概念之间作出区分,一种是理性主义的、乌托邦的和理想主义的民主概念,另一种是经验的、描述的、制度的和程序的民主概念,而且他们得出的结论是只有后一种概念才能提供分析上的准确和经验上的参照物,使之成为有用的概念。"② 遵循熊彼特的思路,亨廷顿进一步强调:"评判一个20世纪的政治体制是否民主所依据的标准是看最有影响的集体决策者是否通过公平、诚实和定期的选举产生,在这种选举中候选人可以自由地竞争选票,而且基本上所有的成年人都可以参加选举。"③ "公平、自由和公开的选举是民主的实质。"④ 达尔(R. A. Dahl)指出:"如果高层官员是由公民选举产生,而且,公民还可以在以后的选举中把他们撤换掉,这样,借助选举,官员不得不多多少少

---

① [美] 熊彼特:《资本主义、社会主义与民主》,吴良健译,商务印书馆1999年版,第395—396页。
② [美] 亨廷顿:《第三波——20世纪后期民主化浪潮》,刘军宁译,上海三联书店1998年版,第4—5页。
③ 同上,第5页。
④ 同上,第8页。

负担一些责任,这么一种办法,虽然远没有尽善尽美,但却是唯一可行的办法。"① 萨托利从输入—输出双重意义上阐述了定期的竞争性选举的民主特质:"领导者由于受到定期选举而可能丢掉职位的制约,会留意投票者如何看待他的行为。""大规模民主是一种程序或机制,它(1)带来开放的多头统治,这种统治在选举市场上竞争(2)把权力给了人民,并且(3)具体地加强了领导者对被领导的责任。"② 在萨托利看来,定期的竞争性选举,一方面,在输入意义上产生打上民选"印记"的领导者;另一方面,在输出意义以上,领导者任职时间的有限性和下一轮选举的竞争性使其决策、行为会顾及到民众的反应,由此构成对领导者的一种反馈式约束。

除上述基准点外,进一步考察西方主流学界关于民主的看法,还包括以下六方面的内容:(1)竞争性政党体制中执政党与在野党的相对性(政党作为选举的组织者,在选举中获胜则上台成为执政党,未获胜者暂不拥有行政权力而为在野党,但在野党可能在下一轮竞争性大选中获胜成为执政党),使政府既受到在野党的监督,又受到执政党因迫于在野党的压力而实施的监督;(2)具有某些方面的共同利益或共同主张的人们结成特定的利益集团,以社会组织的力量对政府施加影响,在整个社会中体现为大量的利益集团常规性地从维护本集团的利益和要求的微观层面防范政府、官员的权力膨胀与滥用;(3)新闻媒体通过采访、报道,公民通过发表言论、出版著述,形成社会舆论力量,对政府、官员

---

① [美]达尔:《论民主》,李柏光等译,商务印书馆1999年版,第102页。
② [美]萨托利:《民主新论》,冯克利、阎克文译,上海人民出版社2009年版,第173—174页。

第六章 结论：国家能力视域的中华复兴

进行监督；(4) 国家立法权、司法权、行政权分别由不同的机关掌握，各自独立行使，维持大体平衡，相互制约，形成三权分立、相互制衡的国家内部不同功能的权力之间的横向制约结构与机制；(5) 中央与地方分权及地方层层分权，形成中央政府与地方政府，以及地方政府与地方政府之间相互制约的纵向权力结构与机制；(6) 明确国家立法系统、司法系统、行政系统内部各机构、部门（横向、纵向）及各个具体职位的职权与职责，划分清楚各自的权力边界，建立起三大系统内部的权力制约结构与机制。定期的竞争性选举与前三个方面属于以社会制约权力的范畴，后三个方面属于以权力制约权力的范畴。在西方学者的眼中，对于整个国家政权系统，则形成社会力量与国家内部分权制衡力量相互交织的调控网络，从而确保国家政权为民主政权。

看起来，西方主流民主理论可以为他国的民主建设提供系统的理性指引。西方学者也乐此不疲地力图将他们的理论"成果"转化为对他国进行民主说教的建设方案，甚至想方设法要充当他国民主建设的"向导"。如果某个国家真以为根据他们的理论及方案可以建立起有效运转的民主政体，那就被误导了。实际上，西方主流民主理论所描述的只是西方民主的表象，西方主流学者的各种民主方案至多只能为他国的民主建设提供局部的、环节上的参考和借鉴。其根本缺失在于隐瞒了民主的实质。对于身处西方场景的西方学者而言，由于资本主义民主已经建立起来，其实质讲不讲在事实上都是存在的，甚至讲实质倒成了画蛇添足。[①] 而

[①] 有西方学者隐约地指出："我们所熟悉的对于民主的定义几乎都来自西方的经验。然而，它们往往忽视西方的民主所赖以存在的历史、文化和社会经济条件，将这些条件的存在视为理所当然。"[美] 霍华德·威亚尔达：《民主与民主化比较研究》，榕远译，北京大学出版社2004年版，第7页。

对于西方国家的民主实践而言，只要资本主义民主还没有面临被另一种性质的民主取代的现实危机，其民主理论就没有来自实践的要求"矫正"的压力，相反，实践对于理论的要求正是要隐藏民主的实质。马克思主义经典作家精辟地指出，"民主是国家形式，是国家形态的一种。因此，它同任何国家一样，也是有组织有系统地对人们使用暴力"。① 民主不会也不能脱离任何国家的本质规定性。"国家是统治阶级的各个个人借以实现其共同利益的形式。"② "它照例是最强大的、在经济上占统治地位的阶级的国家。"③ 显然，如果西方主流民主理论将西方民主的实质——资产阶级的政治统治——明确地阐述出来，它就变成了对资产阶级和资产阶级国家有害的理论，④ 这是理论研究所依赖的各种资助的最终出资人——资本家财阀集团不能接受并反对的，也是资产阶级统治最好的政治外壳——民主共和制国家不能接受并反对的，因此，表明民主实质的阐述根本就不会成为西方主流民主理论的一部分。

对于那些正在进行民主建设场景中的人们来说，关于民主的理解缺失民主的实质，就如同关于建筑物的理解缺失支撑它的地

---

① 《列宁选集》第 3 卷，人民出版社 1995 年版，第 201 页。
② 《马克思恩格斯选集》第 1 卷，人民出版社 1995 年版，第 132 页。
③ 《马克思恩格斯选集》第 4 卷，人民出版社 1995 年版，第 172 页。
④ 因为这无异于宣告现存的国家是资产阶级对无产阶级实行阶级统治的工具，无异于提示无产阶级如果要获得政治上的解放，就不要受各种各样的民主形式的遮蔽，而要联合起来和资产阶级进行斗争，并将斗争的矛头指向资产阶级的国家政权，而这正是资产阶级及其国家所要极力避免的。"只要取消了阶级斗争，那么无论是资产阶级或是'一切独立的人物'就'都不怕和无产者携手并进了'！"《马克思恩格斯选集》第 3 卷，人民出版社 1995 年版，第 681 页。

第六章　结论：国家能力视域的中华复兴

基一样，无论对地上部分研究得多么透彻，终归得不到完整的关于建筑物的建造原理。"国家权力并不是悬在空中的。"① 民主作为国家形态的一种亦不例外，相信可以建立所谓的"纯粹"民主与相信可以建造"空中楼阁"是同样的虚幻。当然，不懂得如何建造地基就盲目地修建高楼和在西方主流民主理论指导下进行民主建设，其后果的严重性大不相同，前者导致的后果不过是建筑物的倒塌，而后者导致的后果则是巨大的政治灾难与社会动荡。

　　明确西方主流民主理论避而不谈民主实质的根本缺失，无疑有利于我们深入理解民主。恩格斯在1890年9月致布洛赫的信中曾言："我们在反驳我们的论敌时，常常不得不强调被他们否认的主要原则……但是，只要问题一关系到……实际的应用，那情况就不同了，这里就不容许有任何错误了。可惜人们往往以为，只要掌握了主要原理……那就算已经充分地理解了新理论并且立刻就可以应用它了。"② 同样，关于民主的理解，也不是掌握了"主要原理"——民主的阶级统治实质——就足够了。否则，我们将难以解释：那些统辖大规模社会的国家，无论是在前工业时代还是工业时代，本质上都同为经济上占统治地位的阶级的国家，但在前工业时代通行的是专制君主制，到了工业时代民主制才成为现实中的政权组织形式。换言之，关于民主的理解，我们还需要在马克思主义基本原理的指导下从国体与政体的历史的、具体的互动关系中作进一步的探讨。

　　国家自社会分化出来，在形式上就是独立于包括经济上占统治地位的阶级的。经济上占统治地位的阶级只有能实际控制国家

---

① 《马克思恩格斯选集》第1卷，人民出版社1995年版，第677页。
② 《马克思恩格斯选集》第4卷，人民出版社1995年版，第698页。

才能真正成为政治上的统治阶级并维持其政治上的统治地位。国家对社会的统治与管理是由具体行使国家权力的职业化、专门化的公职人员合力履行职责来实现的，统治阶级对国家的控制最终要落实到对公职人员的约束。

统治阶级对公职人员进行约束，凭借的不是统治阶级的名分，而是统治阶级的力量。经济上占统治地位的阶级的力量，首先是由经济基础决定上层建筑的客观必然性而赋予它的一种长时间的、深层次上的对国家政权起作用的客观力量。凡是经济上占统治地位的阶级都具有这种力量。"一切政府，甚至最专制的政府，**归根到底**都不过是本国状况的经济必然性的执行者。"① 国家最终不能脱离经济发展（生产方式正常进行）的内在要求和与之相对应的维护统治阶级的整体利益而存在下去。经济上占统治地位阶级的客观力量对国家的约束，在于从本质上规定国家必然是、也只能是经济上占统治地位的阶级的国家。而作为客观力量，并不能直接与国家内部的调控力量有机地结合起来对公职人员进行自主的、具体的、即时的约束。具备这种功能的统治阶级的力量，是其主观力量。

如前所述，统治阶级的主观力量包括两个方面：一是统治阶级作为一个阶级的意识形态力量，二是统治阶级作为一个阶级的组织行动力量。前者是统治阶级基于对本阶级整体利益的理性认识而形成的一套关于社会—政治的具有思想引领作用的理论体系产生的精神影响力；后者是统治阶级基于自己的阶级意识、阶级利益将自己组织起来，捍卫、维护、增进本阶级整体利益的集体

---

① 《马克思恩格斯选集》第4卷，人民出版社1995年版，第715页。

第六章 结论：国家能力视域的中华复兴

行动力量。

只有到了工业时代，机器的广泛运用、交通运输的便利、信息传递的快捷、经济交往的频繁与利益联系的紧密等必要条件的具备，大规模社会的经济上占统治地位的阶级才能在全国范围形成并维持经常性联系，不仅可以形成自己的意识形态力量，而且可以将自己组织起来作为一个阶级来行动。在统治阶级具备了作为一个阶级的组织行动力量时，统治阶级才不仅可以根据本阶级的普遍意志和整体利益选择、设计国家政治制度及运行机制，而且可以凭借自己的力量驱动、保障所选择、设计的国家政治制度及运行机制的有效运转，包括建立选举制度、确立选举程序，通过选举定期对国家最高掌权者实行制度化的更换。有了统治阶级的组织与行动力量与国家内部的调控力量的有机结合，才能形成并保持对所有公职人员的制度化约束，使国家真正成为统治阶级的国家，从而以国体与政体有机统一的统治阶级的民主取代国体常常被政体扭曲的君主专制。正如马克思指出："民主制是内容和形式，君主制似乎只是形式，而实际上它在伪造内容。"[①]

概言之，民主是经济上占统治地位的阶级的政治统治，经济上占统治地位的阶级要实现政治上的统治，必须作为一个阶级组织起来而具有一个阶级的行动力量，建立并通过相应的国家政治制度与运行机制，形成对包括最高掌权者在内的公职人员制度化的长效约束，从而确保国家持续有效地履行职能、稳定而完整地维护统治阶级的整体利益。

在这里，需要进一步指出的是，经济上占统治地位的阶级的

[①] 《马克思恩格斯全集》第1卷，人民出版社1956年版，第280页。

性质取决于它所植根的生产资料所有制的性质，民主作为经济上占统治地位的阶级的政治统治，其性质最终是由生产资料所有制的性质决定的。立基于生产资料私有制的经济上占统治地位的阶级的民主，归根到底是少数人的民主。立基于生产资料公有制的经济上占统治地位的阶级的民主，才是真正的大多数人的民主。

西方民主理论所描绘的民主政治的制度安排和运行机制，正是由于有了资产阶级这个经济上占统治地位的阶级的组织行动力量的统合，西方社会的竞争性政党定期组织的竞争性选举、利益集团与社会舆论等多元社会力量才聚结为对国家的有序制约，而不是演变为导致政治分裂的尖锐对抗；国家内部以权力制约权力的分权制衡结构与机制才发挥出防止权力滥用的正向功能，使国家成为管理整个资产阶级共同事务的委员会，避免相互之间严重的掣肘、拆台、内斗而导致国家政权难以正常活动乃至瘫痪。将民主的实质巧妙地掩盖起来但又在无形中寓于貌似不存在阶级统治的民主的各个具体环节，乃是西方民主的奥秘所在。

2. 民主生成的一般原理

大规模社会的民主，最早作为事实存在的，是西方资本主义民主。把握民主建设的机理，不能无视西方国家的民主建设过程。当然，要避免以西方国家的民主建设为研究样本，最后将西方国家民主生成的原理当成民主生成的一般原理。这就需要我们在牢固把握民主科学内涵的基础上，剥离西方国家民主生成过程中的西方色彩，发掘其深层意蕴。

（1）英国民主的生成。17世纪，随着经济发展而不断壮大的英国资产阶级走到历史的前台。1640年，英国资产阶级革命爆发。经过半个世纪的反复，远未强大到独立保障国家政权有效运

第六章　结论：国家能力视域的中华复兴

转的资产阶级与并非已是强弩之末的封建贵族在1688年"光荣革命"后达成妥协，建立起二元君主政体（立宪君主制的早期形态）。由此，英国正式开始了民主建设进程。随着工业革命接近尾声，以机器大工业的普遍建立为标志的现代资本主义生产方式逐步成为占主导地位的生产方式，资产阶级在整个社会经济生活中的支配地位日益明显并不断加强。在这样的大背景下，英国于1832年进行了第一次议会改革，为工业资本家代表打开了议会的大门。此后，英国的民主建设快速向前推进。"从'光荣革命'到第一次议会改革之前，英国的政治制度的变化是缓慢的……产生于中世纪的议会选举制度……毫无触动……1832年以后，情况不同了，议会制度经历了一次次的改革；责任内阁制迅速建立……资产阶级两党制很快形成，政党成为国家政治生活中极为重要的组成部分，内阁成为国家行政权力的核心，而君主却沦为有名无实的政治偶像。"① 资产阶级民主得以较为稳固地确立起来。

资产阶级在经济、政治上全面确立统治地位后，选举权便向工人敞开了，到19世纪末，选民资格的财产限制已仅具象征意义，普选权实际上已经存在。到这个时候，普选权不但不是妨碍资产阶级统治的因素，相反，它是实现资产阶级统治的因素。"经济关系的无声的强制保证资本家对工人的统治"②，而选举的性质"取决于选民之间的经济联系"③。进一步讲，"有产阶级是直接通过普选制来统治的。只要被压迫阶级……无产阶级——还没有成熟到能够自己解放自己，这个阶级的大多数人就

---

① 阎照祥：《英国政治制度史》，人民出版社1999年版，第293—294页。
② 《马克思恩格斯选集》第2卷，人民出版社1995年版，第263页。
③ 《马克思恩格斯选集》第3卷，人民出版社1995年版，第289页。

仍将承认现存的社会秩序是唯一可行的秩序，而在政治上成为资本家阶级的尾巴……在现今的国家里，普选制不能而且永远不会提供更多的东西"①。"民主"这一用语在英国的境遇也发生了戏剧性的变化。专门研究过英国民主的西方马克思主义重要代表人物密利本德进行过生动的描述："只是到了1867年法案（英国第二次议会改革法案，降低了对选民资格的财产限制，一部分工人开始获得选举权——引者注）通过之后的几十年间，'民主'一词才成为政治语言当中常见的时髦用语的一部分。只有到了这个时候，政治家才开始懂得把'民主'一词用于英国政治体制的价值。早先几代人害怕民主，这时他们的后继者大喊民主已经来临。"② 这种变化，在一定程度上也折射出英国资本主义民主的内容与形式是如何达成统一的，反过来，也有助于看清其民主是如何形成的。

（2）美国民主的生成。由于特殊的社会、历史、文化原因，美国的民主建设与经由独立战争、制宪会议而创建联邦政府是同步的，也就是说与其建国是同步的。美国作为在新大陆建立的新国家，借助旧势力未成气候和在独立战争及制宪过程中形成的一批具有较高威望和重要影响力的以建设资产阶级的民主共和国为取向的政治家群体的有利条件，在农业生产方式仍占支配地位的情形下，尝试构建民主政治。但就当时的态势而言，新生的民主共和国是相当脆弱的，内有各州纷争未息，外有英国军队仍驻扎在边境虎视眈眈。美国重要的开国元勋、联邦政府第一任财政部

---

① 《马克思恩格斯选集》第4卷，人民出版社1995年版，第173页。
② ［英］密利本德：《英国资本主义民主制》，博铨译，商务印书馆1988年版，第13页。

第六章　结论：国家能力视域的中华复兴

长汉密尔顿提出了对后世影响深远的方略[①]：一是以经济为杠杆推动联邦政府与全国有产者的结盟，二是大力发展制造业，加速工业化。在美国历届政治领导人和统治阶级精英分子的合力推动下，美国资产阶级的阶级力量逐渐壮大，与国家政权力量的结合日益紧密，联邦政府履行职能的有效性不断增强。但北方工商业资本家与南方种植园奴隶主这两个分别植根于资本主义生产方式与农业生产方式的统治阶级间的结构性矛盾，随着北方工业生产力的快速发展变得越来越不可调和，已无法在民主制度框架内和解，终致内战爆发。正是由于北方资产阶级战胜了南方的奴隶主阶级，牢固地掌握了联邦政权，摧毁了南方奴隶制经济，并对南方进行重建，促使原来的种植园主资产阶级化，在全国建立起统一的资本主义市场，进一步加大力度推行有利于工业资本主义发展的系列政策。到19世纪末，美国由内战前的农业国变为世界上最重要

[①] 汉密尔顿将自己的政治信念概括为两条：一是为了美国的尊严和安全，必须建立联邦；二是为了保持联邦必要有一个有效的政府。A. J. Beitzinger, *A History of American Political Thought*, New York: Dodd, Mead, 1972, p. 247. 为此，汉密尔顿提出将增强联邦政府的力量与保证、增资产阶级的利益，特别是东北部的商业、制造业者的利益作为主要目标，力图通过将它们的政治经济利益与联邦政府的成功紧密地联系起来，利用这个阶级所具有的众多的社会精英分子来加强联邦政府。V. G. Wilhite, *Founders of American Economic Thought and Policy*, New York: Bookman Associates, 1958, p. 279. 汉密尔顿尤其对联邦政府出面促进工业的发展与目标的达成寄予厚望，他向众议院提出了《制造业报告》。在汉密尔顿看来，"不仅一个国家的财富，而且一个国家的独立与安全似乎都与物质上的制造业的繁荣相关联"。Henry Lodge, *The Work of Alexander Hamilton*, Volume 4, Michigan: Scholary Press, 1971, p. 133. "正是这份报告设想了美国成为世界上最伟大的工业大国的宏伟蓝图。"格林菲尔德：《资本主义精神：民族主义与经济增长》，张京生、刘新义译，上海人民出版社2004年版，第516页。

的工业国，形成了一体化的现代资本主义生产方式，资产阶级成为全国范围内单一的经济上占统治地位的阶级，民主党和共和党因同为代表资产阶级总体利益的政党而存在深层共识，两党竞争的政党体制由此呈现良性的动态稳定，美国的资产阶级民主最终定格成型。

（3）法国民主的生成。相对于英国、美国而言，法国的民主建设之路，是曲折而坎坷的。法国由于专制传统深厚，工业化相对缓慢，新旧力量呈现拉锯式的多次反复，在每一次反复中新旧力量都呈现不同程度的暂时削弱，而在生产力向前发展的大势下，总的力量变化是资产阶级的力量逐渐增长，旧势力逐渐消退。但法国频繁的政局动荡使得新建立的政权本身带有草创性、临时性的特点，资产阶级的力量与国家内部的调控力量的结合是不稳定的、易碎的，整个国家的政治面貌在激进与保守之间来回变换。资产阶级掌握国家政权，不仅需要与多重社会旧势力展开较量，更要对付拉拢、聚合各种旧势力的王权复辟者，同时，政治上的虚弱与动荡使复杂的地缘政治因素更加复杂，更易受到外部势力的影响。自大革命至第三共和国建立的 86 年间，法国经历了三次君主立宪、两次帝制、三次共和的交替。在第二次世界大战中，法国遭受德国入侵，第三共和国结束。1946 年，第四共和国成立，历时 12 年，更换了 24 届政府。1958 年，戴高乐领头建立第五共和国，实行半总统半议会制政体，法国的民主才趋于稳定。

比较英国、美国、法国的民主建设过程，我们可以获得以下几点关于大规模社会民主生成的一般看法。

第一，民主生成过程是经济上占统治地位的阶级以其逐步增强的组织行动力量为关键支撑，建立、完善并通过国家政治制度

第六章　结论：国家能力视域的中华复兴

及运行机制，形成并加大对包括最高掌权者在内的具体行使国家权力的公职人员的制度化约束，从而使国家日益稳定、有效地履行职能，持续而完整地维护、实现统治阶级整体利益的政治发展过程。经济上占统治地位的阶级组织行动力量的增长，国家政治制度及运行机制的完善，是民主建设的两个基本支点。

第二，拥有作为一个阶级的组织行动力量的经济上占统治地位的阶级，是在工业化进程中成长起来的。与机器大工业相联系的经济上占统治地位阶级的形成同统治阶级作为一个阶级的组织行动力量的形成并不完全一致。在有一定的工业基础，农业仍占主导地位的情形下，统治阶级可以形成初步的组织行动力量，开启民主建设进程，但将面临比较严峻的挑战。在工业化水平还比较低的发展阶段，保持政权的稳定性，着力推进工业化，从长远看，可能会更有利于民主建设。

第三，经济上占统治地位的阶级的性质植根于生产资料所有制的性质，从根本上决定着民主建设的方向和所要建立的民主的性质。在工业化进程中，基于生产资料私有制成长起来的统治阶级是资产阶级，以资产阶级的组织行动力量为关键支撑建立的民主是资产阶级民主。资产阶级在人数上虽属于少数，但普选权等看来有利于大众的民主形式本质上不过是资产阶级实现政治统治的工具。

3. 苏联社会主义民主建设的历史教训

与西方资本主义民主不同的另一类型的民主，是社会主义民主。苏联作为第一个建立社会主义制度的国家，对建设社会主义民主进行了实践上的探索，总结苏联社会主义民主建设的历史教训，有助于我们更加深刻地把握民主生成的原理。

十月革命前的俄国是一个军事封建帝国主义国家，在经济上属于小农经济占优势（小农人口占总人口 2/3 以上）的农业国。1917 年，俄国共产党通过十月革命创立苏维埃国家政权，随后运用政权力量对土地、银行、大型企业、交通运输业等实行国有化，消灭地主阶级和大资产阶级，构建社会主义的经济基础。同时，由国家全力推进以发展重工业为主线的工业化，创造建设社会主义的物质技术条件。由这两个方面展开，随着生产资料的社会主义改造的完成与工业化的推进，苏联工人阶级初步成长为经济上占统治地位的阶级。1936 年，斯大林在《关于苏联宪法草案》的报告中指出，剥削阶级已经被消灭，国家政权归工、农两个阶级，以工人阶级为领导阶级。与此同时，由苏联共产党主导的与生产资料所有制改造和工业化进程相伴生的是高度集中的指令性的计划经济体制和高度集权的政治体制的形成。客观地看，苏联的社会主义建设路径，对于一个置身严峻国际环境的落后农业国要在尽可能短的时间内建成社会主义工业国的任务而言，是有其历史合理性与必然性的。但另一方面，对于在特殊时期的特殊条件下发挥特殊作用的经济政治体制依据情况的变化而进行相应的改革亦是必要的。

然而，苏联高度集中的指令性的计划经济体制和高度集权的政治体制运转起来以后，即使其弊端已显露出来，苏联也未开启真正触动体制的改革。在这样的体制下，随着时间的推移，经济组织相对其行政主管机关而言只能是附属机构，一般工人相对于经济管理干部而言不过是运用生产资料的劳动者，自上而下地实行任命制的各级党政"干部"——经济组织的管理者处于实际上的支配地位。这样，初步成长起来的经济上占统治地位的工人阶级,在体制的作用下,便逐渐滑落为经济管理干部群体的从属者角色。从法律上讲,每个苏联人在公有制(全民所有制)面前与生产资料的关系是同一的,但从人们在生产关系中的实际地位看,"苏联社会明显地区分为两个集团:拥有职位—权力资源,能支配、管理国家全部生产资料的管理集团,以及拥有知识、技能资源或体力资源的劳动集团"。[1]

随着工人阶级在经济上的统治地位的消解与苏联共产党干部日益脱离人民,苏联曾翼图实现的超越资本主义民主的社会主义民主前景便随之黯淡下来。十月革命开始时即定性以工人阶级为领导阶级的国家政权,由于没有夯实自己的阶级基础,最终也就无从谈起将工人阶级的组织行动力量与党和国家政权内部的调控力量有机结合起来以形成对各级领导干部制度化的长效约束,也就不能从根本上防止干部队伍的蜕变;同时,在危难时刻亦不可能获得以工人阶级为中坚力量的劳动阶级的支持与维护。在日积月累的体制弊端与单靠权力系统内部约束无法遏制的干部队伍的衰朽相互强化而使政权处于岌岌可危的关头,苏共领导人戈尔巴乔夫在尝试通过科技进步促进经济发展失效的情势下,选择了由经济分权到政治分权的孤注一掷的改革路径。到这个时候,苏联的大部分领导干部已经变质为官僚主义者,保证改革朝向社会主义方向的社会力量已经消散。在政权处于"弥留"时刻,工人阶级也未表现出某种惋惜,更谈不上抢救。

十月革命的领导者和苏维埃政权的奠基人列宁曾告诫性地指出:"共产党员成了官僚主义者。如果说有什么东西会把我们毁掉

---

[1] 黄立茀:《苏联社会阶层与苏联剧变研究》,社会科学文献出版社2006年版,第18页。

的话，那就是这个。"① 如果说有什么能防止共产党员变成官僚主义者，那就是工人阶级的民主。"没有民主，就不可能有社会主义"，"无产阶级如果不通过争取民主的斗争为社会主义革命做好准备，它就不能实现这个革命"；而"胜利了的社会主义如果不实行充分的民主，就不能保持它所取得的胜利"②。任何政权，不管生命力曾经多么旺盛，只要没有或失去相应的经济上占统治地位的阶级对它的有力支撑与制度化约束，没有成为或不再是统治阶级的民主政权而不与统治阶级血肉相连，最终都将变成一张没有生命力的空壳而枯灭。

民主取代专制，是人类政治文明的重大进步。在经济上占统治地位的阶级还不能作为一个阶级常规性地组织起来并拥有稳定的集体行动力量时，无论一个政权拥有怎样的民主样式与外观，动用何种民主手段，这个政权都是无法持续有效地运转的，难免发生政权崩坏与社会动荡。而经济上占统治地位的阶级具备了作为一个阶级的组织行动力量，并不意味着民主唾手可得。经济上占统治地位的阶级必须以其作为一个阶级的组织行动力量为关键支撑，建立、完善对包括最高掌权者在内的公职人员进行刚性约束的国家政治制度及运行机制，并以其阶级力量保障所建立的制度与运行机制的有效性、权威性，民主才能得以确立起来。

三

依据上述国家能力的理论框架及要点，思考中华复兴这一时

---

① 《列宁全集》第52卷，人民出版社1988年版，第300页。
② 《列宁全集》第28卷，人民出版社1990年版，第168页。

第六章 结论：国家能力视域的中华复兴

代大课题，笔者提出以下基本看法：

1. 目标定位

中国所拥有的世界上唯一数千年未萎缩的洲级社会规模，历史性地规定了中华复兴的目标诉求是全球层次的强国。不仅因为中国是当今及以后世界上寥寥无几的拥有洲级规模社会的国家之一，具备最为难得的成为世界级强国的必要条件，而且因为中国在19世纪以前的数千年中一直是罕见的长期拥有强大能力的国家，这种远古以来延绵不断的盛世辉煌已将强国的雄心作为历史基因注入中华民族的灵魂。

2. 复兴的实质

中国之所以在前工业时代长盛不衰，根源在于：中国在辽阔疆域构建起了相对于他国更优良的国家体制、生产方式、文化传统相互支持的互动结构，在生产力水平普遍低下且发展缓慢的前工业时代，凭此将数以千万计的分散小农聚合为井然有序的稳固共同体，中国的王朝政府比其他大国的王朝政府能更有效地对内统治与管理庞大规模的社会，对外凭借从庞大规模的社会积聚的雄厚财力和充裕人力应对他国的武力竞争与挑战。

而中国在近代之所以衰落，深层的原因是：西方国家凭借特定的历史条件和非凡的创造力，领先于中国构建起了更高层次（工业时代）的国家体制、生产方式、文化传统相互支持的互动结构，以先进的生产力的优势抵消了中国的社会规模优势而在国际竞争与挑战中拥有更强大的力量，在新旧时代交替的历史时段，仍停留于前工业时代的中国便不可避免地遭遇前所未有国家能力危机。这种国家能力危机在深层次上是整体性的国家能力支撑结构的危机。

今天的中国正行进在迈向复兴的伟大而艰辛的征程中。所谓"中华复兴",从政治学的意义上讲,其实质是:中华民族必须构建起工业时代的相对于他国更优良的国家体制、生产方式、文化传统相互支持的互动结构,只有构建起这样的互动结构,中国才能重新长期拥有相对强大的国家能力,有效应对他国的竞争与挑战,在新的历史时代创造、维持中华民族持久的繁荣与昌盛。

3. 基础工程

生产力持续的加速发展是中国重新拥有强大能力、实现中华复兴的硬道理,但生产力持续的加速发展,是在国家体制、生产方式、文化传统相互支持的互动结构中实现的。生产力发展的实效受制于国家体制、生产方式、文化传统相互支持的互动结构所蕴涵的推进生产力发展的潜能,而构建生产方式、国家体制、文化传统相互支持的互动结构,又是以生产力发展水平的现状为其动态条件。因此,在中国社会的生产力水平总体落后的客观情势下,构建起本质上属于工业时代的国家体制、生产方式、文化传统相互支持的互动结构,以加速生产力发展,是中华复兴的基础工程。

4. 关键点

生产方式中处于支配地位的统治阶级的组织与行动力量是否制度化地融入国家体制,是能否构建起本质上属于工业时代的国家体制、生产方式、文化传统相互支持的互动结构的关键所在。能够成就中华复兴的生产方式,必然是最具有加速发展生产力潜力的生产方式,这种生产方式中占支配地位的统治阶级必然是最有活力、最有创造性、最有凝聚力、最有远见的精英力量,这样的精英力量制度化融入国家体制,中华复兴也就迈出了最为关键

第六章 结论:国家能力视域的中华复兴

的一步。

5. 总的实践进路

回顾近代以来中华民族谋求复兴的波澜壮阔的奋斗历程,我们看到:(1)中国共产党作为工人阶级的先锋队,同时也是中国人民和中华民族的先锋队,以其特定的先进性、广泛的人民性、高效的组织性,最大限度动员起中华民族的集体力量,经过艰苦卓绝的武装斗争,取得了一代又一代中国人前仆后继未能完成的反帝反封建的胜利,实现了主权独立,创建了新中国,奠定了中华复兴的根本政治前提。(2)在生产力水平低下的起步阶段,中国共产党领导各族人民参照苏联模式建立了高度集中的计划经济生产方式与高度集权的国家体制及相应的意识形态相互支持的互动结构,最大限度地集中人力、物力、财力,在短时期内迅速形成了初步的民族工业体系,加固了新生的人民共和国的国防。在发挥了这一互动结构短时性的高效能后,中国共产党推动了对这一过渡性质的互动结构的全面改革——中国的第二次革命。(3)改革开放30多年来,尤其是邓小平南巡讲话和党的十四大确立以社会主义市场经济为目标模式的新的生产方式变革以来,生产力的加速发展取得了举世瞩目的成就。

社会主义与市场经济相结合,是一项前无古人的伟大试验和艰辛创造。直面现实,生产方式中处于支配地位的主体已出现某种变化。私营企业主在生产方式中占有重要地位,已是不争的事实,共产党执政的核心经济基础(公有制)和阶级基础(工人阶级)亦相应地面临着不容忽视的新情况、新问题。如何让工人阶级的力量在国家体制中的主导地位继续得到体现?如何让私营企业主的力量也能制度化地融入国家体制?如何构筑起国有大中型企业与民营经济良性互动的实践机制,从而共同壮大民族经济的总量、提升民族经济的质量,共同打造与国外跨国公司相角逐的整体竞争力?这些都是党团结带领各族人民实现中华复兴不可回避的、必须妥善解决的、具有不可分割的内在关联的全局性问题。

统合思考国内国际两个大局,我们应当也必须有一种清醒的立足长远的战略认知:中国加速发展生产力,是在自身规模超大、生产力水平落后、地区发展不平衡、西方主导的国际体系施加多重影响的复杂情势下展开的,基本国情的制约与外部环境的考验相互交织,贯穿中华复兴的整个进程。中国要持续地实现生产力的加速发展,不仅需要创建并不断完善实现生产力加速发展的生产方式,而且需要统筹推进经济、政治、文化、社会建设及地区间的协调发展,避免因生产力加速发展导致严重的结构性失衡而反过来制约发展,甚至使发展中断。同时,还需要克服既有强国随着中国生产力的加速发展而加紧对日益崛起的中国的围堵与遏制,破解他国设置的困扰中国发展的迷局。这三者叠加,使得中华复兴内在地需要中国共产党长期地居于领导地位执掌国家政权,化解前进途中来自内部和外部的各种风险与挑战,坚强地团结带领各族人民将复兴伟业不断推向前进。

随着世情、国情、党情发生并继续发生着深刻变化,落实党要管党、从严治党,着力提高党的领导水平和执政能力,克服精神懈怠的危险、能力不足的危险、脱离群众的危险、消极腐败的危险的重任,将更加尖锐地摆在全党面前。

早在1945年,黄炎培先生在延安曾对中国共产党第一代领导核心毛泽东主席说:"我生六十余年,耳闻的不说,所亲眼见到的,真所谓'其兴也勃焉,其亡也忽焉'。一人,一家,一团体,

第六章 结论：国家能力视域的中华复兴

一地方，乃至一国，不少单位都没有能跳出这周期率的支配力。大凡初时聚精会神，没有一事不用心，没有一人不卖力，也许那时艰难困苦，只有从万死中觅取一生。既而环境渐渐好转了，精神也就渐渐放下了……一部历史，'政息宦成'的也有，'人亡政息'的也有，'求荣取辱'的也有，总之没有能跳出这周期率。"毛主席回答说："我们已经找到新路，我们能跳出这周期率。这条新路，就是民主。只有让人民来监督政府，政府才不敢松懈。只有人人起来负责，才不会人亡政息。"

目前，中国已建立社会主义民主的基本制度，但社会主义民主良好运行的社会政治、经济、文化条件还需要大力完善。把握中国古代将儒家思想内化为官吏普遍的为官之德的精神实质与教育原理，借鉴其有益的相关举措，从实际出发，通过日积月累的官德教育，将新时期党的各级干部这一具体承担团结带领各族人民实现中华复兴的公职人员群体应具备的理想信念、历史使命、行动指南、道德规范、德行操守内化为他们的为政之德。在此基础上，强化党内监督，特别是加强对党政"一把手"的巡视监督，及时运用巡视成果，奖优罚劣，充分发挥激励与警戒的双重效应，严惩贪腐，从关系党的生死存亡和在中国特色社会主义道路上实现中华民族伟大复兴的高度坚决遏制腐败，建立高效、严密的惩治和预防腐败体系，构筑起反腐倡廉的钢铁防线，具有特别重要的意义。

同时，积极稳妥推进社会主义民主建设。社会主义民主是以工人阶级这一直接掌握先进生产力的劳动阶级为领导阶级的人民当家做主的大多数人的民主，是对西方资本主义民主的历史性超越。由于社会主义道路事实上是在生产力水平与科学文化水平比较落后的状况下开启的,社会主义民主作为比资本主义民主更高层次的更切实的民主,其建设过程必然是一个长期、复杂、艰巨的历史过程。在这个过程中,需要不断创造、积累有利于发展社会主义民主的主客观条件,不断排除来自内部和外部的干扰与误导,不断总结、汲取本国和其他社会主义国家民主建设正反两方面的经验教训,不断辨析、借鉴包括西方民主建设的有益成果。

  在中国国家能力向中华复兴所需要的强大国家能力发展的攻坚阶段,中国共产党以新型官德建设和社会主义民主建设为抓手,卓有成效地加强自我完善,在大力发展生产力过程中保障和巩固工人阶级在经济上的主体地位,以工人阶级的组织与行动力量的增长为关键支点有序改进国家体制,逐步形成并强化对党和政府各级干部制度化的长效约束,确保他们正当行使国家权力、持续而稳定地有效履行社会主义的国家职能,完整维护以工人阶级为主体的广大劳动人民的整体利益,从而体系化改进合力加速生产力发展的国家宏观调控与市场配置资源的基础性作用相得益彰的社会主义市场经济生产方式、人民当家做主的国家体制、社会主义的新的文化传统相互支持的互动结构,并随着生产力的发展不断优化这一互动结构,最终构建起工业时代的优于西方国家的生产方式、国家体制、文化传统相互支持的互动结构,支撑中国重新持久地拥有强大的国家能力,支撑中华民族开辟出具有深远的世界历史意义的复兴之路。

  最后,需要特别指出的是,在这个进程中,一方面,中国共产党是优化支撑中华民族实现伟大复兴的互动结构的第一推力;另一方面,党也需在优化这个互动结构的同时将自己更好地内化到结构之中。由此,中国将比他国更长远、更具组织化、更有效地将面临的国际竞争与挑战的压力（潜在的和现实的）转变为统筹推进社会发展的动力。这是将来中国国家能力支撑结构具有相对优越性的根本所在，也是中华民族实现伟大复兴后将比他国更长久维持兴盛的深层缘由。

参考文献

中文文献

［英］阿克顿：《自由与权力》，侯健、范亚峰译，商务印书馆2001年版。

［美］阿什利·泰利斯、乔纳斯·比亚利、克利斯托弗·莱恩、梅丽萨·麦克弗森：《国家实力评估：资源 绩效 军事能力》，门洪华、黄武福译，新华出版社2002年版。

［以色列］艾森斯塔得：《帝国的政治体系》，阎步克译，贵州人民出版社1992年版。

［英］保罗·皮尔逊：《新福利制度的政治学》，汪淳波、苗正田译，商务印书馆2004年版。

白钢主编：《中国政治制度史》，天津人民出版社，2002年版。

参考文献

薄贵利：《国家战略论》，中国经济出版社 1994 年版。

［英］巴里·布赞、埃里克·海凌：《世界政治中的军备动力》，薛利涛、孙晓春等译，吉林人民出社 2001 年版。

［英］巴里·布赞：《美国和诸大国：21 世纪的世界政治》，杨永涛译，上海人民出版社 2007 年版。

［美］保罗·肯尼迪：《大国的兴衰》，王保存等译，求实出版社 1988 年版。

［英］波普尔：《猜想与反驳》，傅季重等译，上海译文出版社 1986 年版。

［美］布热津斯基：《运筹帷幄》，刘瑞祥、潘嘉玢译，译林出版社 1989 年版。

陈业宏、唐鸣：《中外司法制度比较》，商务印书馆 2004 年版。

曹沛霖、徐宗士主编：《比较政府体制》，复旦大学出版社 1993 年版。

［英］大卫·李嘉图：《政治经济学及赋税原理》，周洁译，华夏出版社 2005 年版。

［美］戴卫·兰德斯：《国富国穷》，门洪华等译，新华出版社 2001 年版。

［美］道格拉斯·诺斯：《经济史中的结构与变迁》，陈郁、罗华平等译，上海三联书店 1991 年版。

恩格斯：《德国古代的历史和语言》，人民出版社 1957 年版。

龚祥瑞、罗豪才、吴撷英：《西方国家的司法》，北京大学出版社 1980 年版。

高德步：《世界经济通史》（上卷），高等教育出版社 2005

年版。

［德］汉斯·豪斯赫尔：《近代经济史：从十四世纪到十九世纪下半叶》，商务印书馆1987年版。

胡盛仪等：《中外选举制度比较》，商务印书馆2000年版。

黄绍湘：《美国通史简编》，人民出版社1979年版。

黄硕风：《大国较量：世界主要国家综合国力国际比较》，世界知识出版社2006年版。

黄硕风：《综合国力新论》，社会科学文献出版社1999年版。

［英］H. G. 韦尔斯：《世界史纲：生物和人类的简明史》，曼叶平、李敏译，燕山出版社2004年版。

［美］《华盛顿选集》，商务印书馆1983年版。

［美］汉密尔顿、杰伊、麦迪逊：《联邦党人文集》，程逢如等译，商务印书馆1980年版。

［美］汉斯·J. 摩根索：《国家间政治》，徐昕等译，中国人民公安大学出版社1990年版。

［英］霍布斯：《利维坦》，黎思复等译，商务印书馆1985年版。

［英］J. S. 密尔：《代议制政府》，汪瑄译，商务印书馆1984年版。

［美］加布里埃尔·A. 阿尔蒙德、小G. 宾厄姆·鲍威尔：《比较政治学：体系、过程和政策》，曹沛霖等译，上海译文出版社1987年版。

［美］杰·阿塔克彼得·帕塞尔：《新美国经济史》（上），罗涛等译，中国社会科学出版社2000年版。

［美］J. H. 布雷斯特德：《文明的征程》，李静新译，燕山出版社2004年版。

参考文献

［美］肯尼思·华尔兹:《国际政治理论》,信强译,上海人民出版社2003年版。

［美］孔华润主编:《剑桥美国对外关系史》,新华出版社2004年版。

［英］J. S. 密尔:《代议制政府》,汪瑄译,商务印书馆1984年版。

［意］卡洛·M.奇波拉主编:《欧洲经济史》(第二卷:十六和十七世纪),贝昱译,商务印书馆1988年版。

［美］罗威尔:《英国政府·中央政府之部》,上海人民出版社1959年版。

［美］里亚·格林菲尔德:《资本主义精神:民族主义与经济增长》,张京生、刘新义译,上海人民出版社2004年版。

［美］罗伯特·吉尔平:《全球资本主义的挑战》,杨宇光、杨炯译,上海人民出版社2001年版。

［美］罗伯特·诺齐克:《无政府、国家与乌托邦》,何怀宏等译,中国社会科学出版社1999年版。

［美］罗伯特·基欧汉:《霸权之后》,苏长和等译,上海人民出版社2006年版。

［美］罗伯特·基欧汉、约瑟夫·奈:《权力与相互依赖》,门洪华译,北京大学出版社2002年版。

［美］罗伯特·达尔:《论民主》,李柏光、林猛译,商务印书馆1999年版。

［美］罗伯特·吉尔平:《全球政治经济学》,杨宇光、杨炯译,上海人民出版社2003年版。

李步云主编:《宪法比较法研究》,法律出版社1998年版。

李道揆：《美国政府和美国政治》，商务印书馆1999年版。

李保忠：《中外军事制度比较》，商务印书馆2003年版。

李剑鸣：《美国通史》第1卷，人民出版社2002年版。

罗荣渠：《现代化新论》，北京大学出版社1993年版。

刘绪贻、杨生茂主编：《美国通史》1—6卷，人民出版社2002年版。

［法］卢梭：《社会契约论》，何兆武译，商务印书馆1959年版。

［匈］卢卡奇：《历史与阶级意识》，杜章智等译，商务印书馆1999年版。

［英］洛克：《政府论》，瞿菊农、叶启芳译，商务馆印书馆1964年版。

［英］拉夫尔·密里本德：《资本主义社会的国家》，沈汉等译，商务印书馆1997年版。

［法］孟德斯鸠：《论法的精神》，张雁深译，商务印书馆1959年版。

《马克思恩格斯选集》第1—4卷，人民出版社1995年版。

《马克思恩格斯全集》第1、2、25、46、48卷，人民出版社第1版。

［德］马克斯·韦伯：《经济与社会》，林荣远译，商务印书馆1997年版。

穆良平编著：《主要工业国家近现代经济史》，西南财经大学出版社2005年版。

［美］莫里森、康马杰、洛伊希腾堡：《美利坚共和国的成长》第1卷第1分册，南开大学历史系美国研究室译，天津人民出版社1975年版。

参考文献

［美］曼库尔·奥尔森：《国家兴衰探源》，吕应中等译，商务印书馆1993年版。

［美］尼尔·J. 布尔斯廷：《美国人——建国的历程》，谢廷光译，上海译文出版社1997年版。

倪世雄等著：《当代西方国际关系理论》，复旦大学出版社2005年版。

［英］尼古拉斯·巴尔：《福利国家经济学》，郑秉文等译，中国劳动社会保障出版社2003年版。

［澳］欧文·H. 休斯：《公共管理导论》，彭和平译，中国人民大学出版社2001年版。

［英］佩里·安德森：《从古代到封建主义的过渡》，刘健译，上海人民出版社2001年版。

［美］R·S. 克莱因：《1975年世界权力的评估》，台北黎明文化事业股份有限公司1976年版。

时和兴：《关系、限度、制度——政治发展过程中的国家与社会》，北京大学出版社1996年版。

时殷弘：《国际政治与国家方略》，北京大学出版社2006年版。

史仲文、胡晓林主编：《新编世界政治史：世界近代中期政治史》，中国国际广播出版社1996年版。

世界银行：《1997年世界发展报告：变革世界中的政府》，中国财政经济出版社1997年版。

［美］萨缪尔森、诺德豪斯：《经济学》（第16版），萧琛等译，华夏出版社1999年版。

［美］塞缪尔·亨廷顿：《变动社会的政治秩序》，张岱云等译，上海译文出版社1989年版。

［美］塞缪尔·亨廷顿：《我们是谁?》，程克雄译，新华出版社 2005 年版。

［美］斯蒂芬·施米特等：《美国政府与政治》，梅然译，北京大学出版社。

［美］斯蒂格利茨：《经济学》，姚开建等译，中国人民大学出版社 1997 年版。

［美］斯塔夫里阿诺斯：《全球通史》，董书慧等译，北京大学出版社 2005 年版。

［美］塞缪尔·亨廷顿：《第三波——20 世纪后期民主浪潮》，刘军宁译，上海三联书店 1998 年版。

［美］汤普逊：《中世纪经济社会史》，耿淡如译，商务印书馆 1961 年版。

［美］托马斯·K.麦克劳：《现代资本主义——三次工业革命的成功者》，赵文书、肖锁章译，江苏人民出版社 2006 年版。

［法］托克维尔：《论美国的民主》，董果良译，商务印书馆 2004 年版。

［美］伍德罗·威尔逊：《行政学研究》（中译本），《国外政治学》1987 年第 6 期。

王珏：《世界经济通史》（中卷），高等教育出版社 2005 年版。

王绍光、胡鞍钢：《中国国家能力报告》，辽宁人民出版社 1993 年版。

王作民：《美国万花筒》，中国社会科学出版社 1985 年版。

王炎编：《宪政主义与现代国家》，生活·读书·新知三联书店 2003 年版。

吴敬琏：《中国增长模式抉择》，上海远东出版社2006年版。

阎照祥：《英国政治制度史》，人民出版社1999年版。

[美]约瑟夫·奈：《硬权力与软权力》，门洪华译，北京大学出版社2005年版。

[古希腊]亚里士多德：《政治学》，颜一、秦典华译，中国人民大学出版社2003年版。

[美]亚历山大·温特：《国际政治的社会理论》，秦亚青译，上海人民出版社2000年版。

[英]亚当·斯密：《国民财富的性质和原因研究》，郭大力、王亚南译，商务印书馆1974版。

[美]约翰·米尔斯海默：《大国政治的悲剧》，王义桅、唐小松译，上海人民出版社2003年版。

[美]约瑟夫·奈：《软力量——世界政坛成功之道》，吴晓辉、钱程译，东方出版社2005年版。

杨光斌：《制度的形式与国家的兴衰》，北京大学出版社2005年版。

张康之等编著：《公共行政学》，经济科学出版社2002年版。

周逸麟：《中国历史地理概述》，上海教育出版社2005年版。

赵一凡编：《美国的历史文献》，生活·读书·新知三联书店1989年版。

张伯里：《论综合国力要素》，载《世界经济与政治》，1989年第12期。

英文文献

Andrew Schotter, *The Economic Theory of Social Institutions*, New

York: Cambridge University Press, 1981.

Alan Beattie, *English Party Politics, Documents and Commentary*, 1660 - 1906, Vol. 1, London, 1970.

Bernard Bailyn, et al., *The Great Republic, A History of the American People*, Massachusetts: D. C Heath & Co., 1981.

Charles M. Dollar, *America: Changing Times*, Vol. 1, New York: John Wiley & Sons, 1979.

Clarles A. Beard, *An Economic Interpretation of the Constitution of the United States*, New York: Free Press, 1986.

David N. Hyman, *The Economics of Governmental Activity*, Holt, Rinehart and Winston, Inc., 1973.

Ernest R. May, *Imperial Democracy: the emergence of America as A Great Power*, New York: Harper & Raw, 1961.

Frank J. Sorauf, *Party Politics in America*, 4th ed., Boston: Little, Brow, 1980.

G. Lowes Dickinson, *The European Anarchy*, New York: Macmillan, 1916.

Jacob Viner, "Power Versus Plenty as Objectives of Foreign Policy in the Seventeenth and Eighteenth Centuries", *World Politics*, Vol. 1. No. 1, 1948.

James D. Richardson, *A Compilation of the Messages and Papers of the Presidents*, New York: Burean of National Literature, Vol. I.

John A. Garraty, *A Short History of the American Nation*, New York: Harper & Row, 1981.

John P. Foley, ed, *The Jeffersonian Cyclopedia*, New York: Russell, 1967.

Joel S. Migdal, *Strong Societies and Weak States: State – Society Relations and State Capabilities in the Third World*, Princeton: Princeton University Press, 1988.

Karl Polanyi, *The Great Transformation: The Political and Economic Origins of Our Time*, Boston: Beacon Press, 1957.

Kenneth N. Waltz, "Nuclear Myths and Political Realities", *American Political Science Review*, Vol. 84, 1990.

Peter Evans, et. al., *Bring the State Back in*, Cambridge: Cambridge University Press, 1985.

Stanley Lebergott, *The Americans: An Economic Record*, New York: Norton, 1984.

Seyom Brown, *The Faces of Power: Constancy and Change in United States Foreign Policy From Truman To Reagan*, Now York: Conlumbia University Press, 1983.

Stephen D. Krasner, ed., *International Regimes*, Ithaca: Cornell University Press, 1983.

Theda Skocpol, *States and Social Revolutions: A Comparative Analysis of France, Russia and China*, Cambridge: Cambridge University Press, 1979.

Theodore J. Lowi, "The Reture to the State: Critiques", *The American Political Science Review*, Vol. 82, No. 3, 1988.

图书在版编目(CIP)数据

论国家能力 / 黄清吉著.—北京:中央编译出版社,2013.8
ISBN 978-7-5117-1716-0

Ⅰ.①论⋯
Ⅱ.①黄⋯
Ⅲ.①国家制度-制度建设-研究 ②国家行政机关-行政管理-研究
Ⅳ.①D03

中国版本图书馆 CIP 数据核字(2013)第 170488 号

论国家能力

出 版 人	刘明清
出版统筹	薛晓源
责任编辑	薛迎春
责任印制	尹 珺
出版发行	中央编译出版社
地 址	北京西城区车公庄大街乙 5 号鸿儒大厦 B 座(100044)
电 话	(010)52612345(总编室) (010)52612336(编辑室)
	(010)66161011(团购部) (010)52612332(网络销售)
	(010)66130345(发行部) (010)66509618(读者服务部)
网 址	www.cctphome.com
经 销	全国新华书店
印 刷	北京金瀑印刷有限责任公司
开 本	787 毫米×960 毫米 1/16
字 数	188 千字
印 张	15
版 次	2013 年 8 月第 1 版第 1 次印刷
定 价	53.00 元

本社常年法律顾问:北京市吴栾赵阎律师事务所律师 闫军 梁勤
凡有印装质量问题,本社负责调换。电话:(010)66509618